UTOPIA IM WÜSTENSAND
DAS DUBAI-PROJEKT

UTOPIA IM WÜSTENSAND
DAS DUBAI-PROJEKT

Bertelsmann!
ATLANTICA

INHALT

VISION UND ANSPRUCH

WELTHAUPTSTADT DES 21. JAHRHUNDERTS: DUBAI STRATEGIC PLAN 2015

Dubai ist das innovative und dynamische Wirtschaftszentrum der Arabischen Halbinsel. Mit dem Dubai Strategic Plan 2015 hat Scheich Mohammed bin Rashid al Maktoum dem Emirat neue ehrgeizige Ziele gesetzt. Doch weil das rasante Wirtschaftswachstum der Vergangenheit auch neue Probleme geschaffen hat, die das künftige Wachstum gefährden und die Lebensqualität der Bewohner Dubais einschränken, ist die Bandbreite der Zielsetzungen diesmal viel größer als bei der im Jahr 2000 präsentierten Vision 2010.

Große Ziele im Blick

Wäre der Dubai Strategic Plan 2015 am 3. Februar 2007 von jemand anderem als Scheich Mohammed bin Rashid al Maktoum vorgestellt worden, man hätte ihn wohl als den unmöglichen Traum eines weltfremden Visionärs abgetan. Doch die Erfahrung hat gezeigt, dass der Premierminister der Vereinigten Arabischen Emirate (VAE) und Herrscher von Dubai seinem Emirat nicht nur äußerst ehrgeizige Ziele vorgibt, sondern diese auch erreicht. »Das Wort ›unmöglich‹ steht nicht im Wörterbuch der VAE.« – dieses Zitat des auch für seine Großzügigkeit bei Spenden an Wohlfahrtsorganisationen bekannten Herrschers wird durch das vorzeitige Erreichen der in der Vision 2010 vorgegebenen Ziele untermauert. Im Jahr 2000 hatte der 1995 zum Kronprinzen ernannte Scheich Mohammed, der damit zum De-facto-Herrscher des Emirats wurde, ehrgeizige Ziele ausgerufen: Das Bruttosozialprodukt sollte auf 30 Milliarden US-Dollar bis 2010 wachsen und

Grenzen scheint es für das Emirat Dubai nicht zu geben.

das Bruttosozialprodukt (BSP) pro Kopf entsprechend auf 23 000 US-Dollar steigen. Doch dank eines durchschnittlichen Wirtschaftswachstums von über 13 Prozent pro Jahr wurden diese Ziele schon in der Hälfte der Zeit erreicht: 2005 betrug das BSP des Emirats 37 Milliarden US-Dollar und das BSP pro Kopf 31 000 US-Dollar. Damit hat sich Dubai binnen weniger Jahre an die Weltspitze der Wirtschaftsstandorte katapultiert. Zugleich wurde damit auch die Ausarbeitung eines neuen Plans für die weitere Entwicklung des Emirats notwendig, eben des Dubai Strategic Plans 2015.

Aufstieg dank Öl und Freihandel

Die ehrgeizigen Vorgaben des Dubai Strategic Plans 2015 sind umso erstaunlicher, wenn man bedenkt, dass die Stadt am Persischen Golf bis Mitte der 1960er Jahre des vorigen Jahrhunderts noch ein verschlafenes und unbedeutendes Nest an der sogenannten Trucial Coast war, an der eine Reihe voneinander unabhängiger Emirate unter dem vertraglichen Schutz Großbritanniens standen. Die Entdeckung der Ölvorkommen 1966, die Gründung der Vereinigten Arabischen Emirate 1971 sowie die in den 1980er Jahren eingerichtete Jebel-Ali-Freihandelszone legten den Grundstein für den bis heute anhaltenden wirtschaftlichen Aufschwung Dubais. Waren 1990 lediglich 300 Unternehmen in Dubai angemeldet, so sind heute in den mittlerweile 20 verschiedenen Freihandelszonen weit mehr als 25 000 internationale Unternehmen aus 165 Ländern der Erde ansässig. Und sie befinden sich in guter

Gesellschaft, denn viele der in Fortune-500 gelisteten Unternehmen haben inzwischen einen eigenen Firmensitz in Dubai – finanzkräftige Unternehmen, die die geografisch günstige Lage des zweitgrößten Teilstaats der Vereinigten Arabischen Emirate nutzen wollen. Schließlich sind von hier aus sowohl die aufstrebenden Märkte des Mittleren Ostens sowie Nord- und Südafrikas leicht erreichbar, als auch der praktisch vor der Haustür liegende Subkontinent Indien.

Warum in Dubai investiert wird

Der Grund, weshalb sich so viele internationale Unternehmen ausgerechnet in Dubai angesiedelt haben, liegt in den weltweit besten Standortbedingungen, die sich Unternehmer wünschen können: zuallererst eine außergewöhnliche politische Stabilität, die sich aus der seit 1833 unangefochtenen Herrschaft der Familie Maktoum über das Emirat herleitet. Dubais derzeitiger Herrscher Scheich Mohammed bin Rashid al Maktoum ist der zehnte Herrscher aus der Familie. Er genießt zudem ein hohes Ansehen in der Bevölkerung, das sich aus seiner persönlichen Integrität, seiner Großzügigkeit bei Spenden sowie seiner wirtschaftspolitischen Weitsicht speist. Die meisten erkennen seine Regierung als maßgeblichen Faktor der positiven Wirtschaftsentwicklung des Emirats an.

In Dubai gibt es mit Ausnahme des Tourismussektors keine Unternehmensbesteuerung. Eine Einkommensteuer nach westlichem Vorbild ist im Emirat ebenfalls unbekannt. Im Gegensatz zu den Freihandelszonen anderer Länder wie beispielsweise China ist Ausländern ein 100-prozentiger privater Firmenbesitz gestattet. Damit müssen keine aufwendigen Joint Ventures mit arabischen Unternehmen gegründet werden, um wirtschaftlich in Dubai Fuß zu fassen. Zudem ist der bürokratische Aufwand bei der Unternehmensgründung gering. Handelsbarrieren oder Restriktionen im Kapitalverkehr, die den Marktzugang neuer Firmen erschweren, sucht man ebenfalls vergebens. Flankiert werden diese Maßnahmen durch günstige Energiekosten, eine hervorragende Kommunikations- und Verkehrsinfrastruktur sowie ein großes Angebot von qualifizierten Arbeitskräften zu verhältnismäßig günstigen Lohnkosten. Hier zahlt sich vor allem die Nähe zu Indien und Pakistan aus, die den Löwenanteil der ausländischen Arbeitskräfte stellen.

Dienstleistungen statt Erdöl

Mit der Ansiedlung so vieler internationaler Unternehmen in Dubai ist das Konzept der nach Wirtschaftszweigen gebündelten Freihandelszonen aus Sicht des Emirats voll aufgegangen. Denn dass die Ölreserven nicht ewig reichen werden, war den umsichtigen Herrschern früh bewusst, weshalb eine wesentliche Zielsetzung für Dubai im Aufbau einer vom Öl unabhängigen Wirtschaft lag. Dieser

Landgewinnung
Mit dem Bau künstlicher Inseln und neuer Landzungen, die rasch bebaut werden, verändert das Emirat in rasantem Tempo sein Gesicht (Blick von der Küste Dubais über den neuen Stadtteil Dubai Marina auf die Palmeninseln im Hintergrund).

Umstrukturierungsprozess ist weitestgehend abgeschlossen, denn der Ölsektor macht heute nur noch etwa drei Prozent des Bruttosozialprodukts aus. 1975, kurz bevor die Freihandelszonen ins Leben gerufen wurden, betrug der Anteil des Ölsektors am Bruttosozialprodukt noch über 50 Prozent, im Jahr 2000 war er dagegen bereits auf zehn Prozent gesunken. Der Dienstleistungssektor, der mittlerweile drei Viertel zum gesamten Bruttosozialprodukt des Emirats beiträgt, hat die Funktion des Öls übernommen.

Probleme des Wachstums

Die rasante wirtschaftliche Entwicklung hat Dubai aber auch eine Reihe von Problemen eingebracht, wie sie für dynamisch wachsende Wirtschaftsregionen typisch sind. Da wäre zum einen die unübersehbare Blechlawine, die sich täglich durch den Betondschungel von Dubai wälzt. Gerade die Arbeitskräfte, die aus den vergleichsweise günstigen Wohnquartieren im benachbarten Sharjah morgens nach Dubai strömen, müssen dafür teilweise stundenlange Staus in Kauf nehmen. Trotz des anhaltenden Baubooms sind die Preise für Mieten aufgrund der hohen Nachfrage gestiegen und die mit rund zehn Prozent recht hohe Inflationsrate hat die Lebenshaltungskosten in die Höhe schießen lassen. Zwar sind die Benzinpreise dank der eigenen Ölressourcen für Westeuropäer immer noch traumhaft niedrig, doch dafür werden andere wichtige Güter knapp und teuer, die in unseren Breiten reichlich zur Verfügung stehen: Strom und Wasser. Denn all die neuen Hochhäuser und Wohnquartiere müssen vor allem in den heißen Sommermonaten klimatisiert und mit Wasser versorgt werden. Dubai droht an seinem eigenen Wachstum zu scheitern, wenn es die Probleme nicht angeht.

Selbst wenn man versucht, Dubai nicht durch eine westliche Brille zu betrachten und Lebensqualität lediglich als Lebensfähigkeit definiert, wenn es also nur darum geht, dass die neu geschaffene Betonwüste funktioniert, dann steht die Regierung Dubais schon vor einer Herkulesaufgabe. Aus gutem Grund zielt der Dubai Strategic Plan 2015 nicht mehr allein auf weiteres Wachstum ab, sondern vor allem darauf, die aufgetretenen Probleme des Wachstums zu bekämpfen und so die Grundlage für die zukünftige Entwicklung zu schaffen.

Tourismus und Handel – zwei Säulen des Wachstums

Zu den Stärken des Emirats zählen nach Ansicht von Scheich Mohammed vor allem die Wirtschaftssektoren Tourismus, Logistik, Handel, Bauwesen und Finanzdienstleistungen. Allein mit dem Tourismus sollen, wenn die Ziele des Dubai Strategic Plans 2015 erreicht werden, einmal 22 Prozent des Bruttosozialprodukts erwirtschaftet werden. Mit 18 Prozent soll dann fast jeder fünfte Arbeitnehmer in diesem Bereich tätig sein. Die Pläne sehen vor, Dubai als regionales und globales Zentrum für Kreuzfahrten, Flugverkehr, Reiseunternehmen, Ausstellungen und Konferenzen, Unterhaltung und Themenparks auszubauen. Dafür möchte man vor allem Hotelketten der gehobenen Kategorie gewinnen und entsprechende Ferienwohnungen bauen. Dabei stellen die künstlich angelegten Palmeninseln nur die Spitze dieser breit angelegten Zielsetzung dar, denn 2015 möchte man 15 Millionen Touristen im Emirat willkommen heißen, 2006 waren es schon 6,3 Millionen.

Eine der Hauptattraktionen von Dubai werden dabei die zahlreichen Einkaufszentren sein, von denen die geplante Mall of Arabia mit mehr als 400 000 m² vermietbarer Bruttofläche die nicht gerade eben kleine Konkurrenz in den Schatten stellen wird. Darüber hinaus sind die Malls viel mehr als nur Einkaufszentrum, hier sind auch zahlreiche Freizeiteinrichtungen wie Kinos, Fitnesscenter, Restaurants und Imbissstände untergebracht. Wer abends nicht zu Hause vor dem Fernseher sitzen möchte, geht in Dubai in eine der vielen Malls. Nicht umsonst lesen Ankömmlinge am Flughafen von Dubai die Einladung: »Do-buy«.

Flughäfen im Ausbau

Die Vereinigten Arabischen Emirate und allen voran Dubai stehen im Zentrum einer expandierenden Luftfahrtindustrie, die eine wichtige Voraussetzung ist, um die geplanten Touristenzahlen abfertigen zu können. Moderne und große Flughäfen, neue Routen, Flugzeuglieferungen im Wochentakt bestimmen das Bild am Golf. Zudem wollen sie künftig zum Standort einer Dienstleistungs- und Fertigungsindustrie für die Luftfahrt werden. So wie früher in den aufstrebenden Industriegesellschaften des Westens jeder Ort für sein wirtschaftliches Wohlergehen einen Bahnhof brauchte, so muss am Golf bald jedes noch so kleine Teilemirat einen eigenen Flughafen haben, denn der ist nicht nur gut für das Standortmarketing, sondern auch für das Prestige des jeweiligen Herrschers. Ob künftig auch alles wirtschaftlich betrieben werden kann, was zurzeit am Persischen Golf an Kapazitäten aufgebaut wird, muss sich erst noch zeigen.

Eine Schlüsselrolle in der Luftfahrtvision der Herrscherfamilie von Dubai spielt die 2006 von Scheich Ahmed bin Saeed al Maktoum gegründete Dubai Aerospace Enterprise (DAE), die fast in allen Bereichen zu einem regionalen Schwergewicht aufrücken will: Flugzeugleasing, Wartung, Reparatur, Teileproduktion und Montage, Forschung und Entwicklung, Ausbildung sowie eine breite Palette von Dienstleistungen. Das fehlende Know-how wird entweder eingekauft oder in Kooperation mit ausländischen Unternehmen bereitgestellt. Von dieser Entwicklung profitieren natürlich die beiden großen

Angesichts der facettenreichen Zukunftspläne und immensen Bau- und Investitionsprojekte wird das Emirat Dubai auch weiterhin sein Gesicht in rasantem Tempo wandeln.

Die Ziele des Dubai Strategic Plans 2015

Der Dubai Strategic Plan 2015 beschränkt sich, anders als sein Vorgänger, nicht allein auf das Wirtschaftswachstum. Vielmehr hat Scheich Mohammed bin Rashid al Maktoum fünf Arbeitsfelder ausgemacht, auf denen Fortschritte erzielt werden müssen, um die nachhaltige Entwicklung Dubais sicherzustellen:

Wirtschaftliche Entwicklung: Auf der Grundlage des außergewöhnlichen Wirtschaftswachstums der vergangenen Jahre sowie der erwarteten künftigen weltweiten Trends gibt der Dubai Strategic Plan 2015 eine jährliche Wachstumsrate von elf Prozent als Ziel vor. Damit würde das Bruttosozialprodukt des Emirats im Jahr 2015 auf 108 Milliarden US-Dollar steigen und das Bruttosozialprodukt je Einwohner rund 44 000 US-Dollar betragen. Die Einwohnerzahl soll auf über zwei Millionen Einwohner anwachsen.

Soziale Entwicklung: Anhaltendes Wirtschaftswachstum erfordert den Aufbau einer sozialen Infrastruktur. So soll das Bildungssystem verbessert, das Gesundheitswesen weiter ausgebaut und das Arbeitsrecht internationalen Standards angepasst werden, um weitere Arbeitskräfte anwerben zu können. Darüber hinaus soll die nationale Identität des Emirats erhalten und Einheimische stärker in die Arbeitswelt eingebunden werden. Und auch kulturell möchte Dubai bald erste Glanzlichter setzen.

Infrastruktur, Land und Umwelt: Das anhaltende Wachstum erfordert eine verbesserte Stadtplanung, um die knapper werdenden Flächen optimal zu nutzen. Zudem muss die Versorgung mit Energie, Strom und Wasser für die steigenden Einwohnerzahlen der Millionenstadt sichergestellt werden. Die unübersehbaren Verkehrsprobleme Dubais sollen durch den Bau einer Metro und der Erweiterung von Straßen gelöst werden. Der Schutz der Umwelt erfordert die Einführung und Überwachung von Umweltverordnungen.

Sicherheit, Gerechtigkeit und Schutz: Sicherheit, Ordnung und Frieden sollen durch die Verbesserung des Polizeiwesens weiter gewährleistet und auch der Katastrophenschutz soll ausgebaut werden. Zudem sollen im Zivil-, Arbeits- und Handelsrecht die Verfahren vereinfacht und beschleunigt werden. Außerdem ist eine Verbesserung und regelmäßige Überwachung des Arbeitsschutzes sowie des staatlichen Gesundheitssystems geplant.

Effizienz der Regierung: Die Regierung und Verwaltung werden von Scheich Mohammed gern als der Motor angesehen, der den Aufschwung des Emirats vorantreibt. Diesen Motor weiter zu verbessern, etwa durch staatliche Initiativen, mehr Transparenz und Rechenschaftslegung in der Verwaltung, eine Kopplung der Budgets an die Zielvorgaben des Plans sowie die Fort- und Weiterbildung von Beamten, ist ein wichtiges Ziel des Dubai Strategic Plans 2015.

Flugzeughersteller Airbus und Boeing. Das europäische Konsortium rechnet mit 940 verkauften Flugzeugen in der Golfregion bis 2025, Boeing sogar mit 1160 Maschinen. Einer der Hauptabnehmer ist in beiden Fällen die in Dubai beheimatete Fluggesellschaft Emirates.

Immobilien im Höhenrausch

Das wohl sichtbarste Zeichen für den Aufstieg Dubais ist der Bau immer neuer und spektakulärerer Immobilien. War es zunächst das als Sieben-Sterne-Hotel titulierte Burj al Arab, das die Welt in Staunen versetzte, so folgten bald darauf der angekündigte Bau der palmenförmigen Inseln Palm Jumeirah und Palm Deira. Nicht weniger spektakulär ist die geplante Aufschichtung von Inseln in Form einer Weltkarte, ganz zu schweigen vom Bau des zurzeit höchsten Gebäudes der Welt, des Burj Dubai, der mindestens 700 Meter und 160 Stockwerke hoch werden soll. Dabei ist der Burj Dubai, der von dem internationalen Stararchitekten Adrian Smith entworfen wurde, kein Einzelfall. Weltweit sind insgesamt 13 sogenannte Supertower, Wolkenkratzer, die mehr als 100 bewohnbare Stockwerke zählen, in Planung, über die Hälfte davon in Dubai. Neben dem Burj Dubai sind dies der Al Burj, der Burj al Alam, der Princess Tower, Marina 101, das Pentominum sowie ein noch nicht benannter Turm. Die Regierung von Dubai hat den weiteren Superbauten bereits prinzipiell zugestimmt.

Es ist vor allem dieser immer neue Superlative erzeugende Maßstab, der Bewunderung und Kopfschütteln zugleich auslöst. »Dubailand« heißt ein Projekt, das auf einer 280 km² großen Entwicklungsfläche in die Tat

> **Immer höher, immer größer – für Architekten und Investoren scheint es in Dubai keine Grenzen zu geben. Hier entstehen die höchsten Wolkenkratzer der Welt.**

umgesetzt wird. Für mehr als 18 Milliarden US-Dollar entstehen dort Unterkünfte für Touristen, Anwohner und Arbeiter. Kultur- und Themenparks, Sportstätten wie Dubai Golf und Dubai Sport Cities, Einkaufs- und Gesundheitseinrichtungen sowie mindestens 55 Hotels gehören dazu. Wenn alle Unterkünfte fertig sind, sollen jedes Jahr 15 Millionen Touristen beherbergt werden. Dagegen nimmt sich das nebenan liegende Projekt Dubai World Central, mit 140 km² nur halb so groß, fast schon klein aus. Angelegt ist das Projekt auf fast eine Million Menschen, die dort wohnen und arbeiten sollen. Ein Ende des Baubooms ist in Dubai nicht abzusehen, denn etwa die Hälfte des Gebiets ist schon als städtische Entwicklungsfläche ausgewiesen, eine Fläche fast so groß wie das Saarland. In dem 4114 km² großen Emirat ist lediglich ein 225 km² großes Wüstengebiet als Natur- und Safaripark ausgewiesen. Wenn die Entwicklung so anhält, dann ist es wohl nur eine Frage der Zeit, bis das gesamte Emirat bebaut ist.

Mehr über- als unterirdisch: die Metro

Um den mit den gewaltigen Baumaßnahmen einhergehenden stetig anschwellenden Verkehrsstrom sprichwörtlich in neue Bahnen zu lenken, hat Dubai im Februar 2006 mit dem Bau einer teilweise im Untergrund verlaufenden Metro begonnen. Die Eröffnung des ersten Bauabschnitts des gänzlich ohne Fahrer betriebenen Systems ist für 2009 vorgesehen, bis 2012 sollen dann die ersten drei Linien betriebsbereit sein. Im Endausbau um 2020 soll die Metro ein Streckennetz von 200 Kilometern Länge mit rund 120 Haltestellen aufweisen. Doch allein die anfängliche Kapazität von 90 Zügen kann durchschnittlich 1,2 Millionen Passagiere täglich und etwa 355 Millionen jährlich transportieren — annähernd so viel wie die Berliner U-Bahn.

Die 52,1 Kilometer lange »Rote Linie« umfasst 35 Stationen, von denen nur vier unterirdisch liegen. Sie soll nach der Fertigstellung im Sommer 2009 den Hafen Jebel Ali und den nahe des internationalen Flughafens gelegenen Stadtteil Al Rashidiya verbinden. Die »Grüne Linie« wird auf einer Länge von 22,5 Kilometern 22 Stationen haben, davon fünf unterirdische. Sie verbindet die Dubai Healthcare City mit Al Qusais 2. In der Innenstadt werden Tunnelstrecken, auch unter den ins Landesinnere ragenden Meeresarm Dubai Creek, gebaut. Auf den Außenstrecken fährt die Metro auf vier Meter hohen Viadukten über der Straße. Auch die Bahnhöfe befinden sich in luftiger Höhe. Zwei weitere Linien, darunter eine Schnellbahnlinie mit wenigen Haltestellen zwischen den beiden Flughäfen, sind in Planung.

Dubai Airport – bald der größte Flughafen der Welt

Ein besonderes Aushängeschild des Emirats wird der neue Dubai World Central Al Maktoum International Airport in Jebel Ali, der sukzessive bis 2030 ausgebaut werden soll und über bis zu sechs Start- und Landebahnen verfügen soll. Als Logistik-Drehkreuz spielt er eine zentrale Rolle in den Planungen des Emirats, denn die ehrgeizigen Ziele im Bereich des Tourismus lassen sich nur erreichen, wenn der Flughafen auch die damit verbundenen

Mit modernen Verkehrssystemen und -wegen versuchen die Stadtplaner des Emirats einem drohenden Verkehrsinfarkt vorzubeugen.

Modell des neuen Flughafens
Scheich Mohammed bin Rashid al Maktoum (4.v.l.) begutachtet die Planungen des neuen Airports. Die Bauarbeiten sollen sich bis zum Jahr 2030 hinziehen. Der Flughafen wird dann der größte der Welt sein.

Passagierzahlen bewältigen kann. 2006 starteten und landeten 28,8 Millionen Passagiere in Dubai, 2010 sollen es mit 60 Millionen Passagieren mehr als das Doppelte sein. Angelegt wird der im Bau befindliche Flughafen auf eine Kapazität von 120 Millionen Passagiere sowie zwölf Millionen Tonnen Luftfracht pro Jahr. Das ist das Sechsfache der Luftfrachtmenge, die 2007 in Frankfurt am Main umgeschlagen wurde.

Während die Flughäfen in Europa um jede neue Landebahn jahrelange Genehmigungsverfahren durchlaufen und Rechtsstreitigkeiten mit betroffenen Anwohnern austragen müssen, sind Genehmigungsverfahren und Kosten in Dubai kein Thema. An billigem Treibstoff für die Fluggesellschaften fehlt es ebenfalls nicht. Druck von Interessengruppen, eine Start- und Landebahn nicht oder woanders zu bauen, gibt es auch nicht, eher die Forderung der Politik, die ehrgeizigen Ziele beim Ausbau der Kapazitäten noch energischer voranzutreiben.

Strom- und Trinkwasserversorgung

Sie arbeitet nicht im Rampenlicht, aber ohne sie würde Dubai zusammenbrechen. Die Rede ist von der Dubai Electricity and Water Authority (DEWA), deren Manager vor der wenig beneidenswerten Aufgabe stehen, den ständig wachsenden Moloch mit Wasser und Strom zu versorgen, und vor allem ein Umdenken in der verwöhn-

> **Eine Herkulesaufgabe ist es, alle Einwohner des ständig wachsenden Emirats mit einer ausreichenden Menge an Wasser und Strom zu versorgen.**

ten Bevölkerung herbeizuführen. Denn mit einem jährlichen Pro-Kopf-Verbrauch von 20 000 kW/h Strom und 493 Litern Wasser pro Tag liegen die Einwohner Dubais mit an der Weltspitze. In Deutschland lag der Verbrauch 2006 bei gerade einmal 6000 kW/h im Jahr und 126 Litern Wasser pro Tag. Gleichzeitig schnellt der Bedarf durch das prognostizierte Bevölkerungswachstum von derzeit rund 1,6 Millionen Einwohnern auf etwa 4,1 Millionen Einwohner im Jahr 2015 weiter in die Höhe.

Ein Grund für die Energieverschwendung liegt in den geradezu lächerlich geringen Preisen: So kostet ein Liter Wasser selbst im Spitzentarif 0,2 Eurocent und damit nicht mehr als in Deutschland, das über viel größere Wasservorkommen verfügt. Eine Kilowattstunde Strom kostet mit 5,8 Eurocent dagegen nur ein Viertel von dem,

was Verbraucher in Deutschland entrichten müssen. Kein Wunder also, dass die DEWA Anfang 2008 den Bau von sechs kombinierten Anlagen zur Stromerzeugung und Meerwasserentsalzung mit einem Gesamtvolumen von umgerechnet 2,1 Milliarden Euro in Auftrag gegeben hat. In den kommenden Jahren sind darüber hinaus weitere Großprojekte in diesem Bereich geplant, um mit dem steigenden Bedarf Schritt halten zu können.

Soziale Entwicklung

Das anhaltende Wirtschaftswachstum in Dubai ist nur aufgrund eines Bevölkerungswachstums möglich, das durch die Migration vom Subkontinent und anderen Regionen beflügelt wird. Deshalb wird es in wenigen Jahren nur noch relativ wenige vollberechtigte Staatsbürger geben, denen vermutlich weit über 90 Prozent an ausländischen Arbeitskräften mit zweitklassigen Rechten gegenüberstehen werden – eine soziale Gemengelage mit hohem Konfliktpotenzial. Als Garant für ein friedliches Zusammenleben gilt dabei ein ständig steigender Wohlstand dank eines fortgesetzten wirtschaftlichen Aufschwungs. Doch Wachstum allein wird auf Dauer als Gesellschaftskitt wohl nicht ausreichen. Deshalb legt der Dubai Strategic Plan 2015 den Schwerpunkt bei der sozialen Entwicklung gleichermaßen auf Restriktion und Integration. So soll die Einwanderungspolitik kontrolliert und der Anteil von Einheimischen am Arbeitskräftepotenzial durch gezielte Aus-, Fort- und Weiterbildung entsprechend erhöht werden, um unabhängiger von ausländischer Expertise zu werden. Wo immer möglich, sollen Einheimische den Vorzug erhalten. Umgekehrt soll der Zusammenhalt der Gesellschaft durch das verbindende Element einer gemeinsamen Kultur und Sprache verstärkt werden. Das soll in der Schule beginnen, sich im kulturellen Angebot fortsetzen und macht auch vor Erwachsenen nicht halt. So soll der Anteil derjenigen, die die arabische Sprache beherrschen, erhöht werden. Allen zugute kommen und damit zum sozialen Frieden beitragen sollen verbesserte Leistungen im Gesundheits- und Sozialwesen sowie akzeptable Arbeitsbedingungen und attraktive Angebote für ausländische Fachkräfte, solange das Land auf deren Expertise angewiesen ist.

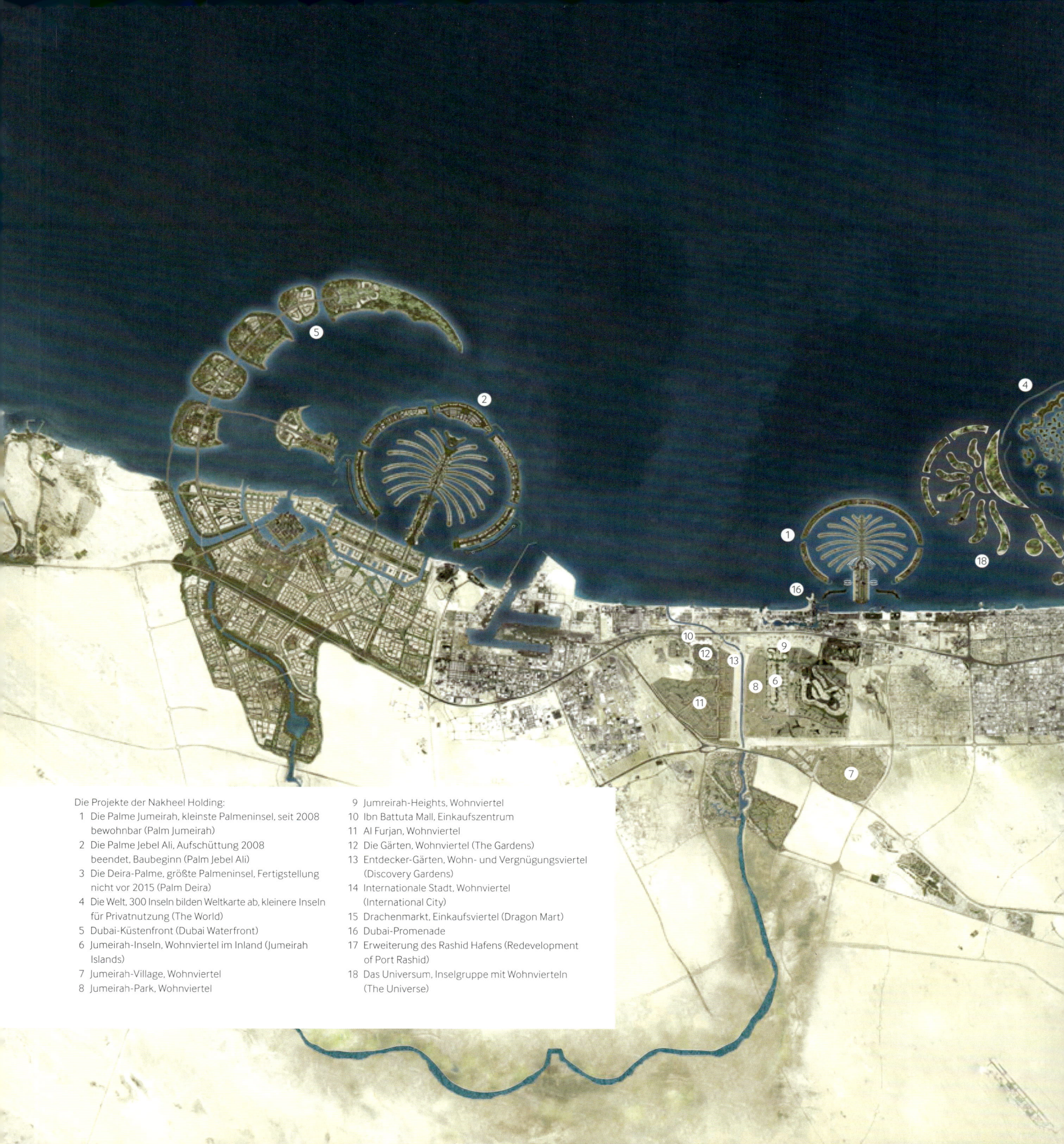

Die Projekte der Nakheel Holding:

1 Die Palme Jumeirah, kleinste Palmeninsel, seit 2008 bewohnbar (Palm Jumeirah)
2 Die Palme Jebel Ali, Aufschüttung 2008 beendet, Baubeginn (Palm Jebel Ali)
3 Die Deira-Palme, größte Palmeninsel, Fertigstellung nicht vor 2015 (Palm Deira)
4 Die Welt, 300 Inseln bilden Weltkarte ab, kleinere Inseln für Privatnutzung (The World)
5 Dubai-Küstenfront (Dubai Waterfront)
6 Jumeirah-Inseln, Wohnviertel im Inland (Jumeirah Islands)
7 Jumeirah-Village, Wohnviertel
8 Jumeirah-Park, Wohnviertel

9 Jumeirah-Heights, Wohnviertel
10 Ibn Battuta Mall, Einkaufszentrum
11 Al Furjan, Wohnviertel
12 Die Gärten, Wohnviertel (The Gardens)
13 Entdecker-Gärten, Wohn- und Vergnügungsviertel (Discovery Gardens)
14 Internationale Stadt, Wohnviertel (International City)
15 Drachenmarkt, Einkaufsviertel (Dragon Mart)
16 Dubai-Promenade
17 Erweiterung des Rashid Hafens (Redevelopment of Port Rashid)
18 Das Universum, Inselgruppe mit Wohnvierteln (The Universe)

DIE VISION DES MODERNEN DUBAI: »WO DIE ZUKUNFT BEREITS BEGONNEN HAT«

»Das größte und unvergesslichste Ereignis ist jenes, das noch nicht eingetreten ist.« Nach dieser Maxime kündigt Dubais Herrscher, Scheich Mohammed bin Rashid al Maktoum, beinahe im Wochenrhythmus neue, »unvergessliche« Bauprojekte an. Er wartet nicht erst ab, bis die »größte je von Menschenhand geschaffene Insel«, die »größte Shopping Mall« oder das »höchste Gebäude der Erde« fertiggestellt sind, da gibt er bereits ein weiteres Vorhaben in Auftrag, das noch höher, noch teurer, noch »zukünftiger« sein wird. Die Visionen des Scheichs sind scheinbar grenzenlos, im wahrsten Sinne des Wortes. Denn sie prägen nicht nur Dubais neues Küstenbild oder das des Landesinneren, sie haben sich über die Emirats- und Landesgrenzen hinaus auf die gesamte Arabische Halbinsel verbreitet. Sowohl bei seinen direkten Nachbarn wie Saudi-Arabien und dem Sultanat Oman als auch in den Golfanrainerstaaten wie Katar und Kuwait haben sich Architekten darangemacht, ihre Länder architektonisch in die Zukunft zu bringen, mit Dubai als Vorbild.

»Nicht die geringste Hoffnung« schrieb noch 1926 ein Schweizer Geologe über die Aussichten, in den Wüsten der Arabischen Halbinsel Erdöl zu finden. Doch sechs Jahre später sprudelte die erste Quelle in Bahrain, worauf auch Scheich Saeed al Maktoum die ersten Konzessionen an britische Firmen vergab. Nach einer Unterbrechung durch den Zweiten Weltkrieg ging die Suche fieberhaft weiter, doch erst 1966 stießen die Bohrer der Petroleum Concession Limited vor der Küste Dubais auf das Fateh-Ölfeld. Am 22. September 1966 verließen die ersten 180 000 Barrel auf einem englischen Tanker Dubai. Im Bild links ein schwimmender Unterwasser-Erdöltank des Fateh-Feldes, im Bild rechts Ölförderung in der Wüste.

1968 hatte Großbritannien angekündigt, sich aus allen Besitzungen östlich des Suezkanals zurückzuziehen. Dazu gehörte auch die ehemalige Piratenküste, aus der nach bewaffneten Auseinandersetzungen im 19. Jahrhundert durch intensive Handelsbeziehungen »the trucial coast«, die Vertragsküste, geworden war. Dieses Gebiet der heutigen Emirate war zwar keine Kolonie, doch bedeutete der Rückzug Englands für die sieben unabhängigen Scheichtümer, plötzlich ohne Schutz zwischen zwei ölhungrigen Staaten zu liegen: Sowohl Saudi-Arabien als auch der Iran hatten in der Vergangenheit versucht, potenzielle emiratische Fördergebiete zu besetzen, die noch nicht durch international anerkannte Grenzen gesichert waren. Scheich Zayed aus Abu Dhabi und Scheich Rashid bin Saeed al Maktoum sahen beide nur in der politischen Einheit eine sichere Zukunft. An den von ihnen initiierten Verhandlungen nahmen anfangs auch Katar und Bahrain teil, die sich jedoch bald für unabhängig erklärten. Am 2. Dezember 1971, drei Tage nachdem die britischen Truppen abgezogen waren, proklamierte die Föderation der Vereinigten Arabischen Emirate ihre Unabhängigkeit (Bild rechts: links Scheich Zayed, rechts Scheich Rashid bei der Unterzeichnung des Gründungsvertrages der VAE in Dubai).

Eine der wichtigsten — und bekanntesten — Verkehrsadern Dubais ist heute die Sheikh Zayed Road. Nirgendwo sonst lässt sich die rasante Entwicklung der Stadt besser beobachten als hier.

In den ersten Jahren nach der Staatsgründung 1971 war man hauptsächlich mit der Schaffung einer funktionierenden Infrastruktur, dem Bau von Schulen, Universitäten, Krankenhäusern und natürlich Straßen beschäftigt. Zu den wichtigsten Verkehrsadern Dubais gehört die Sheikh Zayed Road. Bis in die 1990er Jahre hieß sie Trade Center Road, benannt nach dem damals höchsten Gebäude der Emirate, dem Dubai World Trade Center. Dann begann ihr »Aufstieg«, sie wurde erneuert, verbreitert, bekam mit Rasen und schattenspendenden Palmen ausgestattete Grünstreifen rechts und links — und die ersten prestigeträchtigen Wolkenkratzer (siehe Bild oben). Auf ihr gelangt man zu zwei der größten Einkaufszentren Dubais, der größten Indoor-Skihalle der Erde und, wenn er fertig ist, zum Burj Dubai. Doch wo viel Licht, ist auch Schatten: Zu Hauptverkehrszeiten haben die im Stau stehenden Autofahrer sehr viel Zeit, die dort aufgestellten Werbetafeln in Ruhe zu studieren, Fußgänger müssen bisweilen ein Taxi nehmen, um auf die andere Straßenseite zu kommen, da es keine Brücken oder Tunnel gibt.

Die ersten »Türme« Dubais kamen mit persischen Einwanderern, hießen Barjeel und fingen auch den leisesten Windhauch ein, den sie in die unter ihnen liegenden Räume leiteten. Heute sind Windtürme eine architektonische Reminiszenz an die Vergangenheit, so wie die beleuchteten Barjeel der Madinat Jumeirah (rechts). Bild unten: Neues Wahrzeichen der Sheikh Zayed Road sind die Emirates Towers: Der kleinere von beiden ist mit 309 Metern immerhin das dritthöchste Hotelgebäude der Erde.

1973:

Noch völlig unberührt ist die Küste 1973. In der Bildmitte der natürliche Meeresarm, Creek genannt, an dessen Ufern damals knapp 60000 Menschen lebten. Für seine Ausbaggerung musste sich Scheich Rashid bin Saeed noch Geld leihen, doch es war gut investiert. Denn er sicherte Dubai, dessen Märkte seinerzeit schon zu den wichtigsten in der Golfregion gehörten, damit einen Hafen.

Um 1990:

Man muss noch genau hinsehen, um die ersten Veränderungen zu sehen. Die bebaute Fläche rund um den Creek hat zugenommen, denn mittlerweile leben fast 500000 Menschen in Dubai. Links des Creeks ist das erste Großprojekt entstanden: das umgekehrte »F« an der Küste ist der größte künstlich angelegte Hafen der Erde, der 1979 eingeweihte Hafen von Jebel Ali.

2006:
Inzwischen leben fast 1,4 Millionen Menschen in Dubai und täglich kommen im Durchschnitt 8000 (!) hinzu. Die Dubai'in sind eine Minderheit im eigenen Land geworden und stellen nur noch ein Zehntel der Bevölkerung. Links neben dem Hafen Jebel Ali ragt die Jebel Ali Palme ins Meer, etwas weiter östlich »The Palm Jumeirah« und die Inselgruppe »The World«. Laut Scheich Maktoum sind jedoch erst zehn Prozent seiner Vision Wirklichkeit geworden!

Bereits seit 1937 fungierte Dubais Meeresarm als internationaler Flughafen, da die Wasserflugzeuge der Imperial Airways, aus der später die British Airways entstand, hier auf ihrem Weg nach Bombay zwischenlandeten. Da es jedoch kein geeignetes Flughafenrestaurant gab, schickte man die Passagiere zum 23 Kilometer entfernten Flughafen von Sharjah, den die Briten dort seit 1932 unterhielten.

Scheich Rashid bin Saeed al Maktoum wird von der Bevölkerung noch heute als Begründer des modernen Dubai verehrt – zu Recht, wie sich allein an der Entwicklung des Flughafens Dubai zeigt. Als er 1958 die Regentschaft übernahm, gab es weder eine politische Einheit noch floss Erdöl. Also setzte er auf Dubais unabhängige Entwicklung und den Ausbau seiner Handelsaktivitäten. Er wusste, dass es dazu einer modernen Infrastruktur bedurfte, also gab er neben einem Seehafen auch den Ausbau des Flughafens in Auftrag. Am 15. Mai 1971 eröffnete er den neuen Dubai International Airport, dessen Landebahnen groß genug für Jumbojets und dessen klimatisierte Terminals für die Abfertigung von 1200 Passagieren ausgelegt sind. Doch schon bald stellte sich dieser als zu klein heraus, denn inzwischen war Dubai dabei, sich auch als beliebtes Urlaubsziel zu etablieren: Die Passagierzahlen schnellten unglaublich in die Höhe. Noch während die dritte Ausbaustufe in Arbeit war, erreichten die Zahlen die 30-Millionen-Grenze und da man in Dubai mittlerweile groß dachte, gab Scheich Maktoum 2007 einen komplett neuen Flughafen in Auftrag: Der Dubai World Central Al Maktoum International Airport (Modell großes Bild) wird pro Jahr 120 Millionen (!) Passagiere abfertigen können, seinen 1971 eröffneten Vorgänger aber nicht ablösen, sondern ergänzen.

TREFFPUNKTE DER INTERNATIONALEN BUSINESS CLASS

Ähnlich wie New York im 19. Jahrhundert ist Dubai heute zu einem Anziehungspunkt für Menschen geworden, die aus allen Teilen der Welt auf der Suche nach guten Geschäften oder einem besseren Leben an den Persischen Golf kommen. Der »Arabian Dream« lockt Billiglöhner vom indischen Subkontinent genauso wie westliche Fachkräfte und arabische Investoren mit ihrem sprichwörtlichen Instinkt fürs Business. Doch diese Klischees verwischen, denn in der 1,6 Millionen Einwohner zählenden Stadt finden sich libanesische Geschäftsleute, irische Gastronomen und indische Multimillionäre. Andere Bewohner bringen ihr Vermögen bereits aus der Heimat mit und genießen in Dubai ein steuerfreies Leben samt einem luxuriösen Lifestyle.

In den Vereinigten Arabischen Emiraten (VAE) leben rund 79 000 Dollar-Millionäre, die zusammen über ein Vermögen von 91 Milliarden Dollar verfügen. Laut des World Wealth Reports gehörten die VAE zu den Ländern mit den höchsten Steigerungsraten an sogenannten High Net Worth Individuals (HNWI), Personen mit einem Nettofinanzvermögen von mehr als einer Million Dollar.

Das wirtschaftliche Zentrum

Vielleicht steht er gerade dort oben am Fenster seines Büros und blickt auf sein Reich. Links sieht er das Finanzzentrum samt Börse, rechts die Messehallen und das World Trade Center, während in der Mitte die Glasfassaden der Hochhäuser an der Sheikh Zayed Road in der Nachmittagssonne ein Spektakel aus Licht und Schatten produzieren. Die Menschen auf den Fußwegen schrumpfen auf die Größe von Sandkörnern, denn das Büro, in dem Scheich Mohammed bin Rashid al Maktoum seinen Geschäften nachgeht, ist fast 300 Meter über dem Erdboden. Von dort aus regiert er das Emirat und wacht über seine Firmen wie etwa die Dubai Holding, der wiederum einige der größten Unternehmen Dubais gehören. Um sie zu besuchen, müsste er nur in den Lift steigen und einige Etagen tiefer fahren.

Weil also der Herrscher über die Dubai Inc. im 56. Stockwerk des größeren der Emirates Towers arbeitet, ist es richtig, genau hier auch das wirtschaftliche Zentrum der Stadt zu verorten. Seit der Eröffnung im Jahr 2000 sind die Zwillingstürme erste Wahl für diejenigen, die mit der Adresse auf ihrer Visitenkarte ihren Erfolg und die Nähe zur Macht signalisieren wollen. Es heißt, die Türme würden ein tanzendes Paar darstellen, was eine schöne Assoziation ist, denn Tänzer sind aufeinander angewiesen. Die Türme ergänzen sich in gleicher Weise: Der größere steht dem Business, der kleinere den Gästen offen. Der Emirates Tower Two gehört zu den größten, ausschließlich als Hotel genutzten Gebäuden (zwei noch höhere Hotels stehen ebenfalls in Dubai). Ein Termin in einem der Konferenzräume, der gemeinsame Lunch in einem der zehn Restaurants oder ein Drink in der Vu's Bar unter dem Dach des Towers bedeutet ebenfalls: Wir sind reich und wichtig.

Drehscheiben der internationalen Finanzwelt

Eilig fliehen die Besitzer der Porsches, Ferraris und schweren Geländewagen durch die Drehtür ins klimatisierte Innere des Hotels. Schwarze Ledersessel, dunkle Holztische, weißer Marmor an den Wänden – die Lobby des Emirates Towers Hotels schafft die angenehme Atmosphäre für einen Businesstermin, ohne dabei in die unterkühlte Stimmung eines Konferenzzentrums abzugleiten. Touristen schleichen schüchtern am Rande der Lobby entlang und schauen verstohlen auf die Gäste in der Mitte.

Dort treffen teure Nadelstreifen auf strahlend weiße Dishdashas, die traditionellen knöchellangen Gewänder der Golfstaatenaraber. Obwohl es in der Stadt auch erfolgreiche Geschäftsfrauen gibt – an diesem Nachmittag sind es ausschließlich Männer, die die Welt von morgen noch etwas höher, größer, moderner machen wollen. Lediglich einzelne Worte und Satzfetzen dringen von den Tischen,

Emirates Towers
Die Doppeltürme in Dubai beherbergen ein Hotel sowie Büroräume. Der Hotelturm ist 309 Meter hoch, der Büroturm misst 354 Meter. In dem Gebäudekomplex zwischen den Türmen befindet sich zudem das Luxus-Einkaufszentrum »The Boulevard«.

denn die Pianistin am Rande der Lobby rollt von ihrem schwarzen Flügel einen gefälligen Klangteppich aus Chopin und Pop-Balladen aus. Englisch und Arabisch sind zu hören, aber auch Hindi, Spanisch und Deutsch.

Am Nachbartisch unterhalten sich zwei Männer über das Geschäft. Ein braungebrannter Weißhäutiger mit wallender ergrauter Mähne, hellem Poloshirt, roter Hose und abgewetzten Segelschuhen könnte ebenso gut am Ruder seiner Luxusjacht stehen, während sein Gegenüber, ein Dunkelhäutiger mit kurzrasierten Haaren, elegantem Anzug und manikürten Fingernägeln perfekt als Banker durchgeht. Vielleicht sind sie Architekt und Immobilieninvestor, vielleicht aber auch Premiumkunde und Vermögensverwalter. Selbst ein Vorstellungsgespräch ist denkbar. So viel Wert die Bewohner Dubais auf das Outfit legen, so unterschiedlich sind ihre kulturellen Hintergründe.

Bei mehr als 170 unterschiedlichen Nationalitäten und mindestens ebenso vielen Einstellungen zu Geschäftskultur, Pünktlichkeit, Dresscodes und Benimm

Das Emirat ist auf dem besten Weg, sich zu einem der wichtigsten Finanzplätze der Welt zu entwickeln.

bietet die Hotellobby einen gemeinsamen Nenner für die Geschäftswelt der Stadt. Und hat handfeste praktische Vorteile dazu, denn außerhalb der Hotelanlagen ist der Verkauf von Alkohol – zumindest in der westlichen Welt ein akzeptierter Katalysator für geschäftliche Treffen – nicht erlaubt. Außerdem sind Hotels verkehrsgünstig gelegen, haben ein Parkhaus und selbst ein Taxi für die Rückfahrt ist dort leichter zu bekommen als in einer der Shopping Malls.

Neben dem Emirates Towers Hotel gelten noch das Fairmont, das Shangri-La und das kürzlich eröffnete Monarch als gute Treffpunkte, wenngleich sie auf der anderen Seite der sechsspurigen Sheikh Zayed Road liegen, was einen Spaziergang beispielsweise vom Dubai International Financial Centre (DIFC) besonders im Hochsommer zu einer schweißtreibenden und die Autofahrt zu einer langwierigen Angelegenheit macht.

It's all about Money

Das DIFC liegt in direkter Nachbarschaft zu den Emirates Towers und bereits die Symbole für Dollar, Pfund und Dirham an einer Wand neben einer Rolltreppe zeigen an, was die Menschen in diesen Gebäuden antreibt: Money, Money, Money. »Der wichtigste Treffpunkt der Finanzwelt ist der Eingang zum DIFC«, witzelt der Finanzmanager Julian Bruce, während er an seiner Zigarette zieht und sich zum Schutz vor dem warmen Windzug in eine Ecke drückt. Seit in Dubai ein Rauchverbot in allen öffentlichen Gebäuden gilt, kommen die elegant gekleideten Manager und indischen Sekretärinnen für ein paar Minuten vor die Tür der 2004 eröffneten Freihandelszone für Banken, Versicherungen und Investmentgesellschaften. Seit 2005 ist das DIFC auch Heimat der Börse. Denn Dubai, so die unbescheidene Vision von Scheich Mo, wie Ausländer den Herrscher gern nennen, soll zum wichtigsten Finanzplatz neben New York, London und Hongkong aufsteigen, und zwar schnell. Vor allem das Öl hat den arabischen Ländern riesige Vermögen in die Kassen von Regierungen und Privatpersonen gespült, die wieder angelegt werden wollen. Seit die USA nach den Anschlägen vom 11. September 2001 die arabische Welt misstrauisch beäugen, holen die Investoren aus den Golfstaaten ihr Kapital wieder an den Golf zurück. Praktischerweise werden in Dubai auch weniger kritische Fragen nach der Herkunft des Geldes gestellt, auch wenn das Emirat

Die Bedingungen für Investoren gelten in Dubai als hervorragend. Zahllose Banken aus aller Welt haben in der Freihandelszone Niederlassungen gegründet.

sich bemüht, mit verstärkten Kontrollen das Image als Geldwaschsalon loszuwerden. Nicht nur Investoren aus den sechs Mitgliedstaaten des Golf-Kooperationsrates GCC haben hier ihre Vermögen investiert. Auch viele wohlhabende Iraner wollen ihr Geld angesichts der aktuellen politischen Lage lieber außerhalb des Landes anlegen und suchen in den Finanzplätzen von Bahrain, Katar und Abu Dhabi sichere Häfen. Doch nirgendwo, so heißt es, sind die Standortbedingungen für das Kapital so günstig wie in Dubai. Allein im DIFC sind knapp 650 aktive Finanzinstitute registriert. Auch unter anderem Deutsche Bank und Commerzbank haben sich in der Freihandelszone niedergelassen, die sich über 45 Hektar erstreckt. Doch dies ist erst der Anfang: Wenn der Finanzdistrikt in einigen Jahren fertiggestellt ist, werden 16 Büro-, Wohn- und Hoteltürme eine Stadt in der Stadt bilden. Gleich nebenan wächst mit der Business Bay ein noch größeres Projekt heran, das auf die gleiche Klientel zielt.

Ikonen der Finanzarchitektur
Damit sich die Menschen im DIFC auf ihre Arbeit konzentrieren können, gibt es bereits heute auf dem Gelände von der Wäscherei bis zum Fitness Center die komplette

Infrastruktur einer kleinen Stadt. Besonders heimelig ist das »Costa Café« in der unterirdischen Shopping-Passage ausgestattet. Zwischen gemütlichen Ledersesseln, Steinwänden samt Kamin-Attrappe und einer Fototapete mit Bergmotiv könnten Schweizer leicht Heimatgefühle bekommen.

Tatsächlich leeren sich aber mit Einbruch der Dunkelheit die Einkaufspassagen, Plätze und Cafés schlagartig. Grüppchen von Bankern schlendern mit gelockerter Krawatte in Richtung der Restaurants und Bars in den Emirates Towers, während das Gros in die modernen Wohntürme in der Dubai Marina zurückkehrt. Nur einige Touristen schlendern zwischen den penibel gereinigten Anlagen auf der Suche nach einem Fotomotiv. Meist fällt die Wahl auf The Gate, das zentrale Gebäude im DIFC. Der imposante, 15 Stockwerke hohe Bau aus Glas und Marmor ähnelt auffällig dem stilisierten Triumphbogen La Grande Arche im Pariser Geschäftszentrum La Défense. Es ist kein Zufall, dass in Dubai viele Gebäude eine Ähnlichkeit mit berühmten Bauikonen aus aller Welt aufweisen. Schon das erste Hochhaus in der Golfregion hatte einen bekannten Wolkenkratzer zum Namensvorbild, doch immerhin ist das 1979 erbaute Dubai World Trade Center mit seiner Fassade aus vielen Rundbogen als eindeutig arabisch zu erkennen. Zumindest sind die Spötter, die damals fragten, wer denn bitteschön 36 Stockwerke Bürofläche beziehen soll, schnell verstummt. »Dubai braucht diese Ikonen«, sagt der Schweizer Architekt André Meyerhans, der im Finanzviertel für einen Immobilieninvestor arbeitet. »Der Wiedererkennungseffekt wirkt beruhigend, die Menschen fühlen sich nicht so fremd.« Entsprechend heißen weitere Bauphasen im Finanzviertel Park Avenue und Central Park, erinnern zwei Hochhäuser entlang der Sheikh Zayed Road stark an das Chrysler Building in New York.

Kraftzentren der Stadt: Netzwerke und Communitys
In der Stadt, die niemals wirklich schläft, weil rund um die Uhr auf den unzähligen Baustellen gearbeitet wird, sind die Einheimischen längst in der Minderheit. Je nach Quelle stellen die Emiratis mit 15 bis 20 Prozent fast genauso viele Bewohner wie die in Dubai ansässigen Briten. Wer nicht hier geboren ist, kommt meist aus beruflichen oder geschäftlichen Gründen nach Dubai – also des Geldes wegen. Egal, ob auf Partys oder bei anderen Treffen – die ersten Fragen an eine neue Bekanntschaft lauten immer: »Aus welchem Land kommst Du?« und »Was machst Du beruflich?« Sie sind der kleinste gemeinsame Nenner in einer rasant wachsenden Stadt, in der sich eine gemeinsame Kultur erst noch herausbilden muss. Wo viele unterschiedliche Geschäftsbräuche und Vorstellungen von Zuverlässigkeit aufeinanderstoßen, orientiert man sich gern am

Börsenzentrum Dubai
Gebannt verfolgen Börsenhändler in Dubai das Geschehen auf den Bildschirmen. Das Emirat zählt mittlerweile zu den wichtigsten Finanzzentren der Welt.

Die Freihandelszonen in Dubai sind wirtschaftliche und finanzpolitische Instrumente, die zahllose Firmen aus aller Welt anziehen.

Vertrauten. Ohne die vielen formellen und informellen Netzwerke würde auch die Geschäftswelt Dubais wohl völlig anders aussehen. So haben amerikanische Firmen und Unternehmer ihren eigenen Business-Club, ebenso wie die Deutschen, Engländer, Iraner, Libanesen, Schweden und Südafrikaner. Mehr als 30 solcher nationalen Councils listet die Website der Handels- und Industriekammer auf. Hier kennt man sich, tauscht Informationen aus und hilft sich gegenseitig weiter. Westliche Geschäftsfrauen und junge einheimische Führungskräfte haben ihre eigenen Zirkel, ebenso wie die meisten Branchen Networking betreiben. Dazu kommen die Online-Communitys wie Xing, deren Mitglieder aber ebenfalls von Zeit zu Zeit die Netzwelt verlassen und sich in den Bars der angesagten Hotels zusammenfinden. Bei einem Bier oder einer Shisha wird dann nach Feierabend an der Karriere gearbeitet, denn viele der »Expats«, wie die westlichen Gastarbeiter genannt werden, bleiben nur für einige Jahre und ziehen weiter, sobald sie genügend Geld und Erfahrung gesammelt haben.

Die Zahl der formellen und informellen Netzwerke ist kaum überschaubar in einer Stadt, die wie die gesamte Region viel Wert auf persönlichen Kontakt legt. Deutsche aus der Hotelbranche haben ihren eigenen Stammtisch, genau wie die Unternehmer, die sich in wechselnden Hotelrestaurants der Stadt treffen. Andere Nationalitäten sind da konservativer: Die Schweden und Finnen treffen sich einmal im Monat zum »Sundowner« auf der Dachterrasse des SAS Radisson Hotels in der Dubai Media City.

Boomfaktor Freihandelszone

Die Dubai Media City (DMC) abgekürzte Freihandelszone geht praktisch nahtlos in die Hochhausschluchten des

Microsoft in Dubai
Steve Ballmer, Chef von Microsoft, im Gespräch mit Scheich Mohammed bin Rashid al Maktoum. Viele IT-Firmen nutzen die günstigen Standortbedingungen in dem Emirat.

Reiche-Leute-Stadtteils Marina über und ist eine der prominentesten Freezones der Stadt. Die weitläufigen Areale mit Palmen, gepflegten Grünanlagen und Seen erinnern eher an einen Park oder Universitäts-Campus. Die Anzugträger-Dichte ist hier niedriger als im Finanzdistrikt. Außer den lokalen Fernsehsendern haben sich auch die internationalen Mediengiganten wie CNN, Reuters, BBC, CNBC, der arabische Nachrichtenkanal Al Jazeera sowie unzählige kleinere Dienstleister in der DMC niedergelassen. Zusammen mit den in der Dubai Internet City angesiedelten IT-Firmen bildet diese Freezone das technologische Herz der Stadt.

Ohne Freihandelszonen wäre Dubai vermutlich nicht dort, wo es heute steht. Ein Firmensitz in einer der rund zwei Dutzend Freezones hat zum einem steuerliche Vorteile, denn hier sind keine Abgaben an den Fiskus fällig – bestimmte Branchen wie Finanzunternehmen und die Hotellerie müssen nämlich sehr wohl Steuern zahlen. Die juristisch nicht zum Staatsgebiet der VAE gehörenden Zonen haben sich teilweise eine andere Gesetzgebung verpasst, die Unternehmen und Mitarbeitern das Leben leichter machen. Im Staatsgebiet von Dubai muss jede Firma zwingend im mehrheitlichen Besitz eines Emirati sein, Ausländer dürfen also maximal 49 Prozent der Anteile halten. Wenn man die richtigen Partner mit den richtigen Kontakten wählt, kann man mit diesem System recht gut leben. Aber ein ausländischer Unternehmer ist im Zweifelsfall nicht Herr im eigenen Haus und muss die Gewinne auch noch teilen. In den Freezones können Firmen dagegen völlig unabhängig agieren und wirtschaften, hier ist kein Partner nötig. Auch die arbeitsrechtlichen Bestimmungen sind lockerer: Ausländer, die in Dubai ihren Job wechseln wollen, brauchen häufig die Zustimmung des bisherigen Arbeitgebers. Wenn der sein Okay verweigert – er muss dies nicht einmal begründen – droht eine sechsmonatige Arbeitssperre, was praktisch bedeutet, dass man das Land verlassen muss. Denn Arbeitslosengeld oder Sozialhilfe werden in Dubai nicht gezahlt. Solche Erpressungsmöglichkeiten fallen in den Freezones weg. Die Formalitäten für Jobwechsel oder Arbeitsgenehmigung sind in wenigen Tagen erledigt.

Außerdem ist die Versorgung mit Elektrizität, Wasser oder Internet in den diversen Freezones oft zuverlässiger als im Rest von Dubai. Räumlichkeiten und technische Infrastruktur in den Freihandelszonen sind auf die Bedürfnisse der jeweiligen Branche zugeschnitten. Natürlich hat dieser Service auch seinen Preis: Statt Steuern zahlen Unternehmen dann eben jährliche Servicegebühren und Raummieten, die höher sind als in den »normalen« Büros und Industriegebieten der Stadt.

Die Freihandelszonen am Airport und den Häfen sind aus Sicherheitsgründen nicht frei zugänglich, alle anderen Gebiete fügen sich in das Stadtbild ein. Nicht weit entfernt von der Mall of the Emirates haben die Händler von Edelmetall und Edelsteinen im Gold and Diamond Park ihren Platz gefunden, medizinische Dienstleistungen sind in der Healthcare City konzentriert, während Zukunftsbranchen wie IT-Technik, Biotechnologie und Filmwirtschaft mit der Silicon Oasis, DuBiotech und der Dubai Studio City am Stadtrand untergebracht sind. Praktischerweise sind diese Anlagen auf Mischnutzung ausgelegt: Man kann also in einem kurzen Fußmarsch von seiner Wohnung ins Büro gehen und abends zum Einkaufen.

Der älteste Business Club in der Stadt hat kürzlich seine Türen einen Spalt weit für Nichtmitglieder geöffnet. Seit über 20 Jahren residiert der Dubai World Trade Centre Club in der 34. Etage des Hochhauses und rühmt sich damit, lange Zeit eine der geheimsten Adressen der Stadt gewesen zu sein. Dieser elitäre Mitglieder-Kreis muss nun hinnehmen, dass zumindest das Restaurant »Seven Sands« in den Abendstunden für Normalsterbliche zugänglich ist, die dort mit Blick auf die Skyline dinieren wollen.

Treffpunkt Dubai
Vor dem Eingang der Börse, aber auch an vielen anderen Plätzen treffen sich Investoren, Broker und Finanzmakler aus aller Welt. Das Emirat hat sich schon jetzt zu einem herausragenden Finanzplatz der internationalen Business Class entwickelt.

Lange bevor Dubai zum Treffpunkt der Finanzwelt wurde, war der Hafen am Creek ein wichtiger Handels- und Umschlagsplatz für Waren aus der Region.

Durch die deutliche Trennung von Wohngebieten und kommerziell genutzten Stadtteilen sowie der Tatsache, dass die Stadt noch kein funktionierendes Metro-System hat, verbringt die Geschäftswelt Dubais viel Zeit im Auto. Wegen des chronisch überlasteten Straßensystems sind jedoch Staus an der Tagesordnung. Die wirklich Wohlbetuchten überspringen die Blechlawinen im wahrsten Sinne des Wortes und benutzen für einen Geschäftstermin im Burj al Arab auch mal den Hubschrauber-Shuttle vom Flughafen.

Treffpunkt der Wichtigen

Im Capital Club dürfte solch exklusive Klientel herzlich willkommen sein, denn diese Institution bezeichnet sich selbst als Treffpunkt für die wirklich wichtigen Köpfe aus Wirtschaft und Politik. Die PR-Dame bleibt freundlich am Telefon, doch in der Sache hart. Kein Besichtigungstermin, kein Interview mit dem Management, keine weiteren Informationen. Wie der Club eingerichtet ist und wer dort verkehrt, sollen nur Mitglieder und deren Gäste erfahren. Zwar weisen kaum zu übersehende Plakate zum Eingang, der im vierten Stockwerk eines Gebäudes am Rande des DIFC liegt, doch dieser Widerspruch zur Geheimniskrämerei scheint niemanden zu stören. Angeblich liegt der Jahresbeitrag bei 12 000 Dollar, aber selbst diese Info will die Dame nicht bestätigen und ihr Tonfall macht unmissverständlich klar, dass weitere Fragen, etwa nach der Zahl der Mitglieder, ebenfalls zwecklos sind. »Der Club ist sehr gemütlich, im englischen Stil, eingerichtet: tiefe Ledersessel, dunkle Farben, Gemälde an den holzvertäfelten Wänden«, berichtet die deutsche Architektin Anke Iwers, die von einem Geschäftspartner zum Meeting eingeladen wurde.

Über so viel exklusives Gehabe im neuen Dubai kann die alteingesessene Business Class am Hafen vermutlich nur den Kopf schütteln. Bereits seit über 100 Jahren ist das Emirat ein Handels- und Umschlagplatz für Waren aus dem arabischen, persischen, indischen und ostafrikanischen Raum. Bevor die Stadt in den 1970er Jahren in die Fläche expandierte, bestand der Ort praktisch nur aus den Stadtteilen Bur Dubai und Deira zu beiden Seiten des Creek, einem mehrere Kilometer langen Meeresarm. Hier liegt der Ursprung des Seehandels, auch wenn die großen Warenströme mittlerweile in den modernen Containerhäfen Jebel Ali und Port Rashid umgeschlagen werden. Wie vor 40 Jahren drängen sich entlang der Baniyas Road die Dhau genannten hölzerner Frachtsegler in drei, vier, fünf Reihen an der Kaimauer. Lediglich die Segel fehlen, denn längst haben die Kapitäne den Windantrieb durch Motorkraft ersetzt. An Land stapeln sich Kisten, Kartons, Kanister, Säcke und Tüten. Vom Autoreifen bis zum Kühlschrank liegt hier alles herum, was sich auf ein Schiff tragen und woanders zu Geld machen lässt. Kein Zaun, kein Dach schützt die Waren vor neugierigen Blicken oder der sengenden Mittagssonne, bevor sie auf Lkws und klapprigen Pick-ups verladen werden. Manche Fahrt dauert nur ein paar Minuten, dann werden sie auf einem der nahen Marktplätze für Gewürze, Textilien, Computerteile, Schmuck oder in den unzähligen kleinen Läden feilgeboten.

Nachmittags, wenn die drückende Hitze langsam aus den schmalen Gassen weicht, öffnen die Händler ihre Shops, unterhalten sich über das Geschäft, während sie auf Kundschaft warten. Hier sind Inder, Perser, Pakistanis schon seit Generationen im Geschäft – westliche Gesichter sieht man ausschließlich mit Fotoapparat und einem Stadtplan in der Hand. Statt eines Caffè Latte trinkt man in den staubigen Gassen Kaffee mit Kardamom oder gesüßten Tee mit Milch, plaudert auf Hindi, Farsi oder Urdu, und niemandem würde einfallen, extra in ein Hotel oder auf den Golfplatz zu fahren, um über Geschäftliches zu reden. Bröckelnder Putz und altersschwache Klimaanlagen lassen keinen Zweifel, dass die Häuser im alten Dubai langsam das Ende ihrer Lebensdauer erreicht haben. Erste Baustellen an den Filetstücken direkt am Wasser stehen bereits, um Glas, Stahl und Starbucks auch im Herzen der Stadt zu etablieren. Aber bis es soweit ist, treibt die alteingesessene Business Class noch ihre Geschäfte weiter. Denn ihnen kann Scheich Mohammed von seinem Büro aus nicht auf die Finger schauen.

GRAVITATIONSZENTRUM AM GOLF: GESCHÄFT ZIEHT GESCHÄFT AN

Im Dubai-Magazin vom März 2006 verglich ein Marketingexperte Dubai mit dem berühmten Eishockeyspieler Wayne Gretzky, der sinngemäß sagte: »Gute Spieler stehen da, wo der Puck ist, ich aber stehe da, wo der Puck hinkommen wird!« Dieses Gespür für das Kommende scheinen Dubais Regenten schon immer verinnerlicht zu haben. Als etwa 1930 mit der Einführung der japanischen Zuchtperle die lukrative Perlentaucherei über Nacht zusammenbrach, hatte in Dubai bereits der gewinnbringende Goldhandel begonnen. Und als sie 1969 die ersten Ölmillionen einnahmen, begannen sie mit dem Aufbau eines Handelsimperiums, als ahnten sie, dass ihre Ölquellen bald versiegen würden. So entstand 1985 die erste Freihandelszone, die ausländischen Firmen 100-prozentige Eigentümerschaft, Rückführung von Kapital und Profit ins Heimatland sowie die Befreiung von Körperschaft- und Einkommensteuer garantierte. Ein Erfolgskonzept ohnegleichen: Mittlerweile gibt es 21 solcher Free Trade Zones in den verschiedensten Branchen, sei es Media City, Internet City, Silicon Oasis – und seit neuestem das Dubai International Financial Centre, kurz DIFC. Auf seiner Website nennt das DIFC gleich in der ersten Zeile seine Zielvorgaben: Es strebt den gleichen Status wie New York, London oder Hongkong an. Kein einfaches Ziel, aber mit dem Gespür eines Mr. Gretzky ist es zu schaffen – der wurde mehrfacher Weltmeister!

»Was soll ich mit Erdöl? Damit können die Leute ihren Durst nicht stillen. Wir brauchen Wasser!«, soll der Emir von Bahrain in den 1920er Jahren zu Frank Holmes gesagt haben, als dieser ihn um eine Erdölkonzession bat. Holmes galt als Phantast mit seinem Anliegen, in Arabien nach Öl zu suchen, doch seine Beharrlichkeit zahlte sich aus. Er suchte und fand zunächst Wasser für den Emir und anschließend das begehrte Öl. Die Araber ehrten ihn später mit dem Namen Abu Naft – Vater des Erdöls.

Erst beim Betrachten alter Schwarz-Weiß-Bilder vom Dubai der 1950er Jahre lässt sich ermessen, wie gewaltig die Veränderungen der letzten 60 Jahre sind. Nur wenige Häuser säumten damals die Ufer, die meisten Menschen lebten in Hütten aus Palmenblättern.

Zwar brachte der Handel einen gewissen Wohlstand und Dubai verfügte sogar über ein Krankenhaus, doch bis Anfang der 1960er Jahre waren Esel und Kamel die einzigen Transportmittel. Praktisch über Nacht bescherte das Erdöl dem kleinen Emirat einen ungeahnten Reichtum, und ohne diesen wäre die rasante Entwicklung Dubais undenkbar. Noch sichern die Petrodollars den Erhalt des Wohlstands, doch alle wirtschaftlichen Bemühungen der letzten zwölf Jahre dienen der Vorbereitung auf die Zeit nach dem Erdöl. Denn im Gegensatz zu Abu Dhabi, dessen Vorräte bei gleich bleibender Förderrate noch etwa 100 Jahre reichen sollen, stehen die Pumpen Dubais in wenigen Jahren still. Wann genau, ist ungewiss, doch bis zum Jahr 2010 will Dubai seine Wirtschaft völlig unabhängig vom Öl umgestellt haben. Schon heute ist sein Anteil am Bruttoinlandsprodukt auf weniger als ein Viertel gesunken, Handel und Tourismus sind die beiden wichtigsten Einnahmequellen. (Bild oben und rechts: Ölterminals in Dschibuti, die mit Hilfe Dubais errichtet wurden)

Mit dem wirtschaftlichen Aufschwung Dubais wächst auch die Fluggesellschaft des Landes rasant.

Wären die Fußballspieler des Hamburger SV vor 23 Jahren mit ihren Fly-Emirates-Trikots aufgelaufen, hätten wohl die wenigsten Zuschauer sagen können, wo diese Fluggesellschaft überhaupt herkommt. Kein Wunder, bestand die »Flotte« doch gerade mal aus zwei geleasten Flugzeugen. Seit ihrer Gründung 1985 befindet sie sich jedoch in einem steilen Höhenflug und blickt seither mit ungebrochenem Optimismus in die Zukunft. Davon zeugen auch die spektakulären Einkäufe der letzten Jahre. Bereits 2003 tätigte Emirates die größte Flugzeugbestellung in der Geschichte der Luftfahrt: 71 Jets auf einen Streich. Damit sollen nicht nur Touristen aus aller Welt ins heimische Dubai gebracht, sondern auch die Handelsposition ausgebaut werden. Kurz nach dem Großeinkauf entdeckte Dubai den internationalen Finanzmarkt für sich, und wie man es gewohnt ist, strebt es auch hier eine Führungsposition an. Allerdings hat es im Gegensatz zu den führenden Börsenplätzen wie New York oder Hongkong einen kleinen Nachteil: Es hat keine direkten Handelsplätze im Hinterland. Dafür erreicht es im Umkreis von sechs Flugstunden mehr internationale Märkte als die amerikanische und asiatische Metropole zusammen und kauft deshalb weiterhin kräftig Flugzeuge ein. Auf der Dubai-Flugshow 2007 (Bilder links) erhöhte es seine Gesamtbestellung des Airbus A 380 auf nun insgesamt 58 Maschinen.

Nach monatelangen Verzögerungen war es am 28. Juli 2008 endlich so weit: Emirates Airlines konnte den ersten von insgesamt 58 bestellten Airbus A 380 in Empfang nehmen: Bei der Übergabezeremonie in Hamburg mit dabei: EADS-Chef Louis Gallois (vorn links), Airbus-Unternehmensleiter Tom Enders (2.v.l.) und – ebenfalls im westlichen Anzug – Scheich Ahmed bin Saeed al Maktoum (rechts).

Die Bedeutung des Finanz-
platzes Dubai wächst stetig.
Auch nach dem internationalen
Börsen-Crash bleibt die Börse
des Emirats auf Wachstumskurs.

»Als ich Auto fahren lernte, sagte einmal der Fahrlehrer
zu mir: ›Sie werden nie wirklich Auto fahren können.‹
›Warum?‹, fragte ich erschrocken. ›Weil Sie immer nur auf
die Motorhaube schauen. Heben Sie den Kopf und schauen
Sie 300 Meter voraus auf die Straße.‹« So ist es auch an der
Börse. Vorstellen muss man sich nicht, was morgen oder
übermorgen sein kann, sondern man muss die Zukunft
erforschen, auf Jahre vorausdenken. Diese Anekdote des
amerikanischen Börsengurus André Kostolany haben sich
die Finanzjongleure Dubais offensichtlich zu Herzen genommen. Die Börse des Emirats wurde anfangs international belächelt, mittlerweile mischt der noch junge Finanzplatz die internationale Finanzwelt auf. Kooperationen mit
anderen Börsen, hohe Investitionen und die Bereitschaft,
Geld auszugeben, lassen die Bedeutung der Börse stetig
steigen. Entscheidenden Anteil am Start der neuen Börse
im Jahr 2005 hatte ein Deutscher: Der Finanzexperte
Steffen Schubert baute den neuen Finanzplatz auf.

Gute Geschäfte werden auch in Dubai nicht nur an der Börse, sondern in entspannter Atmosphäre beim Essen getätigt: Wirtschaftsführer, aber auch zunehmend Politiker aus Europa und den USA haben das Emirat mittlerweile als Finanz- und Wirtschaftsplatz mit Zukunft entdeckt.

MARKTLÜCKE GEFUNDEN: DUBAI ALS VORREITER IN DER GOLFREGION

Dubai, das zweitgrößte der sieben Emirate, ist wirtschaftlicher Schrittmacher und Impulsgeber der ganzen Golfregion. Mit nur geringen Erdölreserven ausgestattet, begann das Land am Persischen Golf schon früh, seine Wirtschaft zu modernisieren, die Angebotspalette zu erweitern und neue Absatzmärkte zu erschließen. Im Mittelpunkt standen dabei zunächst Handel, Logistik und damit verbundene Dienstleistungen, womit Dubai an seine Tradition als Hafenstadt und als regionaler Umschlagplatz anknüpfte – nun aber ganz andere Dimensionen vor Augen hatte. Gut ausgebaute Straßen, Kraftwerke und Meerwasserentsalzungsanlagen sowie internationale Verkehrsknoten bilden in Dubai die Basis für den Bau von Gewerbegebieten, Bürozentren und Tourismuseinrichtungen.

Das Dubai International Financial Center ist eine von vielen Freihandelszonen, die zum beeindruckenden Wirtschaftsaufschwung in Dubai beitragen.

Dubai setzt Maßstäbe

Steuerfreiheit und der Status der Freihandelszone, den die meisten Industriegebiete besitzen, tragen ein Übriges dazu bei, Investoren in die arabische Wüste zu locken. Der internationale Erfolg dieser Investitionspolitik ist enorm. Dubai gilt heute neben Singapur und Hongkong als eine der wichtigsten und modernsten Handelsdrehscheiben der Welt. Seine Erfolgsrezepte werden von mittlerweile fast allen Nachbarstaaten kopiert. Dubai führt nicht nur den Zusammenschluss von sieben Emiraten zu den Vereinigten Arabischen Emiraten (VAE) an, es hat sich auch an die Spitze der Diversifizierungs- und Modernisierungsbewegung in den VAE gestellt. Die VAE möchten die Lücke schließen, die zwischen den großen Wirtschaftszentren in Europa und Asien klafft. Dubai ist vor diesem Hintergrund zu einer globalen Drehscheibe für Tourismus, Dienstleistungen und Handel geworden (im Bild links ein Container-Terminal im Hafen von Dubai). Nicht nur in geographischer, sondern auch in wirtschaftlicher Hinsicht nimmt es eine optimale Position zwischen Europa, Asien und Afrika ein. Heute ist Dubai der drittgrößte Re-Export-Standort der Welt, hier entsteht das höchste Gebäude der Welt und bis 2012 mit dem Dubai World Central Airport der größte Flughafen der Welt mit einem Volumen von 120 Millionen Passagieren im Jahr. Die Öleinnahmen machen nur noch etwa vier Prozent des Staatshaushaltes von Dubai aus, dennoch wächst die Wirtschaft seit Jahren zweistellig.

Geostrategische Lage als Trumpf

Dubais Erfolg basiert zum einen Teil auf der Durchsetzungskraft visionärer Regenten. Diese haben in den vergangenen Jahrzehnten die Voraussetzungen und wirtschaftlichen Rahmenbedingungen geschaffen, so dass die vermeintlich besten Köpfe aus aller Welt gern in das Emirat am Persischen Golf kommen, um an den Zukunftsprojekten mitzuarbeiten.

Zum anderen ist es von entscheidender Bedeutung, dass Regierung und Wirtschaft die besondere geostrategische Lage Dubais erkannt und etwas daraus gemacht haben. Auch viele Städte und Gemeinden in Europa werben damit, dass sie genau in der Mitte des Kontinents liegen. Allerdings schlagen sie aus ihrer günstigen Lage als Dreh- und Angelpunkt für Wirtschaft und Handel kein Kapital. Dubai hingegen hat eindeutig die Marktlücke in der Golfregion erkannt und für sich reklamiert.

Bereits in den 1970er Jahren wurde mit dem Bau des größten je von Menschenhand gebauten Hafens begonnen. Heute ist dieser Hafen einer der wirtschaftlich erfolgreichsten der Welt und hat Dubai hinter Hongkong und Singapur zum weltweit drittgrößten Re-Exporteur aufsteigen lassen. In der angeschlossenen Freihandelszone Jebel

Ali haben sich 6000 Unternehmen niedergelassen, 1000 stehen auf der Warteliste. Und diese Erfolgsgeschichte geht weiter. Rund 3,5 Milliarden US-Dollar werden investiert, um den Hafen weiter auszubauen: Bis zu 50 Millionen Container sollen acht neue Terminals im Jahr 2030 umschlagen, das ist anderthalb mal so viel, wie Europas größte Häfen Rotterdam und Hamburg im vergangenen Jahr gemeinsam geleistet haben. Noch in diesem Jahr wird Dubai Hamburg im Containerumschlag überholen. Doch damit nicht genug: In unmittelbarer Nähe des Hafens entsteht momentan der größte Flughafen der Welt. Dies hat zur Folge, dass in Dubai die effizienteste Containerabwicklung in Bezug auf die Kombination Luft-Seefracht entsteht: ein weiterer Vorteil gegenüber anderen Logistik-Zentren.

Jeder Tag ein Messetag

Die VAE haben ihre Rolle als weltweit renommierte Handelsdrehscheibe auch erfolgreich in einem anderen Bereich ausgebaut. Mit rund 365 Messen und messeähnlichen Veranstaltungen pro Jahr sind die VAE das Messe- und Konferenzzentrum der Region schlechthin, wachsende Besucherzahlen und hervorragende Infrastruktur inklusive. Allein in Dubai finden jährlich rund 95 Messen statt, Tendenz steigend. Darunter befinden sich sogenannte Leitmessen wie die »Big 5 Show«, die größte Baumesse

> **Dubai hat sich zu einem der herausragenden Messe- und Konferenzzentren in der Welt entwickelt und baut diese Position kontinuierlich und konsequent weiter aus.**

des Mittleren Ostens, die »Index«, Internationale Messe für Innenausstattung und Möbel, die »Gitex«, Messe für Computer- und Informationstechnik, die »Gulf Beauty«, Internationale Messe der Parfüm- und Kosmetikbranche, oder die »Arab Health«, die größte Medizinmesse der Region, um nur einige Highlights zu nennen. Das technisch modernste Messegelände der VAE befindet sich in Dubai. Das Messegeschäft ist generell sehr wettbewerbsintensiv, dadurch ist die Konkurrenz unter den Messeveranstaltern und -bauern sehr ausgeprägt. In den VAE organisieren die weltweit einflussreichsten Akteure ihre Veranstaltungen.

Seit 2003 die Herbsttagung der Gouverneure der Weltbank und des Internationalem Währungsfonds im Dubai International Convention Center (DICC) tagten, zählt Dubai zur ersten Riege der internatio-

nalen Konferenzzentren. Das DICC gliedert sich an das große Messegelände in Dubai an. Es ist bis heute das Aushängeschild unter den Tagungsorten im Emirat. Derzeit sind zwei Messegelände vorhanden, das Dubai International Exhibition Centre im Dubai World Trade Center (DWTC) und das Airport Expo Dubai. Auch auf diesem Feld wird vorgesorgt. Ein neues Messegelände neben dem neuen internationalen Flughafen befindet sich im Bau und soll 2015 fertiggestellt sein.

Von Dubai aus erreichen die Aussteller eine Region, die von Afrika über die arabische Halbinsel bis nach Asien reicht. Zunehmend kommen die Kontinente Australien und Lateinamerika hinzu. Dubai entwickelt sich auch in diesem Bereich zu einer Plattform, die international angenommen wird. So haben zum Beispiel die Außenhandelskammern zunehmend Kunden, die ihre Partner in Dubai treffen möchten und nicht mehr nur im Ausland.

Freihandelszonen als Zugpferde

Die attraktiven Freihandelszonen in Dubai entstanden nicht zuletzt aufgrund der Tatsache, dass über eine Reform der rückständigen nationalen Wirtschaftsgesetzgebung keine Einigung erzielt werden konnte. Charakteristisch für alle Freihandelszonen ist, dass dort überwiegend Handelsunternehmen und weniger Industriebetriebe angesiedelt sind. Dank der hohen Amortisierungsraten in einer aufstrebenden Wirtschaft ist der Standort Dubai hochinteressant für Anleger aus aller Welt. In den Freihandelszonen dominieren daher ausländische Unternehmen als Investoren. Sie bieten die Möglichkeit, die zum Teil restriktiven Auflagen in den Emiraten selbst zu umgehen. Aus Sicht der VAE, insbesondere Dubais, stellen die Freihandelszonen eine wesentliche Stütze der Diversifizierung der Wirtschaft dar.

Attraktiver Börsenstandort

Eine weitere immer bedeutender werdende Institution in der Dubai International Financial Centre's (DIFC) ist die Dubai International Financial Exchange (DIFX). Besonders aufgrund der Errichtung dieser Börse hegen viele Finanzexperten angesichts der internationalen Konkurrenz große Bedenken: So kommt häufig die Frage auf, ob es denn Sinn mache, noch eine weitere internationale Börse im asiatischen Raum zu errichten, wo es seit dem Jahr 1999 die Singapur Börse gibt, die seither ihre Betriebseinnahmen um mehr als 500 Prozent steigern konnte? Die Antwort aus jetziger Sicht lautet: Ja, es macht Sinn!

Nach dem 11. September 2001 wurde viel Geld aus den USA abgezogen, das zurück in die arabische Welt floss. Die Financial Times Deutschland ging im Jahre 2005 von etwa 1000 Milliarden US-Dollar aus, die in

Die Welt zu Gast in Dubai: Die Jahrestagung des Internationalen Währungsfonds (IWF) und der Weltbank fand im Jahr 2003 in Dubai statt (oben); die Messe Gitex (links), die größte IT-Messe in der Region, lockt zahlreiche Besucher an.

Freihandelszonen und Börsen schaffen für zahlreiche Unternehmen aus der ganzen Welt in Dubai ideale Rahmenbedingungen für Dienstleistungen, Produktion und Handel.

DIFC als Vorzeigeprojekt

Ein weiteres Beispiel dafür, wie geschickt Dubai in der Besetzung von Nischen ist, zeigt die Errichtung des Dubai International Financial Centre's (DIFC) und der Dubai International Financial Exchange (DIFX). Bis heute zweifeln noch immer viele Europäer an der Nachhaltigkeit Dubais als zukünftigem international bedeutendem Finanzplatz. Doch gibt es genügend stichhaltige Argumente, die diese Zweifel bald ausräumen sollten.

Im Jahre 2004 wurde das DIFC durch Scheich Mohammed bin Rashid al Maktoum als Teil seiner großen Vision ins Leben gerufen. Es stellt eine von vielen Freihandelszonen dar, die sich durch einige wichtige Charakteristika vom üblichen geschäftlichen Treiben außerhalb dieser Zonen unterscheidet. Neben einer garantierten Steuerfreiheit von 15 bis zu 50 Jahren und der Tatsache, dass ausländische Investoren keinen lokalen Sponsor zu 51 Prozent am Unternehmen beteiligen müssen, schaffen die Regularien der DIFC die ideale lukrative Basis für eine Niederlassung. Die in diesem Finanzzentrum geltenden rechtlichen Rahmenbedingungen sind eine Kombination bester und bewerteter Praktiken aus allen bisher bedeutenden Finanzplätzen der Welt, wie New York, London oder Hongkong. So sind mittlerweile Unternehmen wie die Deutsche Bank, Pricewaterhouse & Coopers und andere Global Player hier vertreten.

den Vereinigten Arabischen Emiraten schlummern. Der Ruf nach einer eigenen Börse wurde immer lauter und somit wurde am 25. September 2005 die DIFX ins Leben gerufen. Vor Dubais Erstarken im 21. Jahrhundert gab es jedoch noch zwei andere für die arabische Welt wichtige Finanzplätze. In den 1970er Jahren war es Beirut, welches das Finanzzepter im Mittleren Osten in der Hand hielt. Nachdem aber 1975 der Bürgerkrieg ausgebrochen war, zog es die Investoren nach Bahrain. Doch auch da ließen sie sich nicht für einen längeren Zeitraum nieder. Durch eine bessere und schnellere Entwicklung der Infrastruktur machte Dubai letztendlich das Rennen um die Stellung als Finanzhochburg des Mittleren Ostens.

Die DIFX hat als erste internationale Börse in den Golfstaaten, bevor sie gegründet wurde, ihre Hausaufgaben mit Bravour erfüllt. Inwieweit sie auch in Krisenzeiten bestehen wird, in denen Finanz- und Kapitalmärkte weltweit in Turbulenzen geraten, muss die Zukunft zeigen. Die Etablierung des Mammutprojektes DIFX als Leitbörse der arabischen Welt übernahm der ehemalige Chef der Münchner Börse. Daneben konnten weitere sehr erfahrene Profis aus der Finanzwelt gewonnen werden.

Ein weiterer Punkt, der für eine Nachhaltigkeit der DIFX steht, ist die Tatsache, dass Dubai und die umliegenden Staaten sich seit einigen Jahren in einem wirtschaftlichen Boom befinden. Dieser Aufwärtstrend geht mit jährlichen Wachstumsraten von etwa acht Prozent einher. Um die mit dem hohen Wachstum verbundene hohe Nachfrage nach Produkten aller Art von Seiten der Bevölkerung zu befriedigen, werden neue Unternehmen entstehen bzw. bereits vorhandene ihr Produktionsvolumen erhöhen. Hierfür benötigen die Firmen wiederum Kapital, das sie sich unter anderem an der DIFX holen können. Ein weiterer Indikator für den Erfolg Dubais als neuer attraktiver Finanzplatz ist der stetig wachsende Finanzdienstleistungssektor. Besonders das Islamic Banking ist hierbei sehr gefragt. Das Islamic Banking folgt Regeln, die im islamischem Gesetz, der Scharia, ihren Ursprung haben. Diese Anleitung zu gutem Verhalten bezieht sich nicht nur auf das private Leben, sondern auch auf alle geschäftlichen Handlungen. Es gibt drei wesentliche Grundprinzipien im Islamic Banking. Sie basieren auf Moral und gesundem Menschenverstand und sind nicht nur im islamischen Glauben anzutreffen, sondern zum Beispiel auch im Alten wie auch im Neuen Testament niedergeschrieben (siehe auch Kasten, S. 43).

Bisher zählte London als die Hauptstadt dieses speziellen Banking-Typs. Seit jedoch in den vergangenen Jahren Dubai mehr und mehr an Bedeutung gewann, ist der Finanzplatz London einer der Verlierer im Rahmen der globalen ökonomischen Veränderungen.

Aber auch Dubai und die restlichen Golfstaaten haben ihre Probleme, mit denen sie kämpfen müssen. So sind die hohen Inflationsraten um zehn Prozent und mehr ein abschreckender Aspekt für ausländische Investoren und auch für die hier lebende Bevölkerung. Denn wenn das Geld immer weniger wert ist, betrifft das die lokale Kaufkraft, was wiederum die Wirtschaft abkühlen könnte.

Insgesamt ist die Bedeutung Dubais als Finanzplatz in den vergangenen Jahren mehr und mehr gewachsen. Nachhaltigkeit ist für die Emiratis kein Fremdwort. Sie wissen genau, wie Erfolg erarbeitet und auf Dauer gesichert werden kann.

Dubai als Vorbild in welcher Hinsicht?

Trotz immer wieder aufkommender Zweifel gelang es Dubai, sich als regionale Handelsdrehscheibe, als Logistikzentrum, Reiseziel, Finanzplatz und Firmensitz zu etablieren. Zwar wird das Modell von vielen arabischen Staaten in seinem Vorbildcharakter respektiert, es leidet aber auch am eigenen Erfolg. Die Verkehrsinfrastruktur steht am Rande des Kollapses, stetig steigende Immobilienpreise haben in den letzten Jahren die Inflation in die Höhe schnellen lassen. Mit der für das Emirat typischen Konsequenz entstehen derzeit Zigtausende neuer Wohneinheiten, die den Immobilienmarkt ab 2009 deutlich entspannen dürften. Ein Metronetz wird 2009 für straßenunabhängige Verbindungen sorgen und die wichtigsten Teile Dubais miteinander verbinden. In den spezialisierten Freihandelszonen erhalten nach Handelsniederlassungen und Industriebetrieben nun in immer größerem Ausmaß spezialisierte Dienstleister wie Softwareentwickler oder Einrichtungen des Gesundheitssektors sowie Medienunternehmen und Kulturschaffende ideale Ansiedlungsmöglichkeiten.

Dubais Platz innerhalb der VAE

Dubai nimmt in wirtschaftlicher und politischer Hinsicht innerhalb der Föderation den zweiten Platz nach Abu Dhabi ein. Dies kann jedoch nicht darüber hinwegtäuschen, dass Dubai weit vor allen anderen Emiraten eine dynamische Wirtschaftsentwicklung mit hohem internationalem Profil aufweist. Dubai mit seiner boomenden Tourismusindustrie, seinem Handelssektor, seiner Immobilienwirtschaft, seinem Medien- und Telekommunikationssektor sowie seiner prosperierenden Verarbeitungsindustrie stellt jeden anderen Wirtschaftsstandort im Mittleren Osten in den Schatten.

In Bezug auf den Zusammenhalt innerhalb der Föderation kursieren viele Geschichten und Halbwahrheiten. Es gibt sicherlich genauso viele Beispiele, die für eine enge Kooperation sprechen, wie Gründe, die auf eine gesunde Konkurrenz schließen lassen. So beteiligt sich Dubai mit eigenen Finanzmitteln an gemein-samen Projekten – zum Beispiel am Bau der größten Aluminiumschmelze – im Emirat Abu Dhabi. Die neue Formel-1-Rennstrecke, die momentan in Abu Dhabi entsteht, hätte Dubai gerne selbst gebaut. Die Antwort Dubais auf die Museumsinsel in Abu Dhabi mit insgesamt vier großen Museen, ist der Plan, insgesamt 14 kleinere Museen entlang des Creeks in Dubai enstehen zu lassen. Es soll gar nicht erst der Eindruck entstehen, dass die Vorherrschaft in Sachen Kultur in nur einem Emirat liegt.

In anderen Bereichen kommt es sicherlich zur Konsolidierung. So wird sich wohl der Finanzplatz Dubai durchsetzen und viele kleinere Börsen werden verschwinden. Als Produktionsstandort hat eindeutig das Emirat Abu Dhabi die Nase vorn. Die anderen Emirate profitieren von der Entwicklung Dubais und Abu Dhabis. Die Vorteile für die Nachbarn der prosperierenden Emirate liegen auf der Hand: So ist es beispielsweise die Lage von Sharjah, das als einziges Emirat einen Zugang zu beiden Küsten hat und auch auf beiden Seiten über Hochseehäfen verfügt. Darüber hinaus können die kleineren Emirate mit einem Kostenvorteil in vielen Bereichen punkten: Nicht zuletzt die hohen Mieten in Dubai machen sie für Investoren und Wirtschaftsdelegierte in besonderem Maße attraktiv.

Die Herrscher wissen wohl, dass sie gemeinsam stärker und den Anforderungen der globalen Welt im Staatenbund besser gewachsen sind. Gleichwohl versuchen sie, aufgrund ihrer föderalen Vernetzung das Optimum für ihr eigenes Emirat herauszuholen.

Nischen erkennen und Stärken ausspielen

Der rasante Aufschwung der Emirate in den vergangenen Jahrzehnten zeigt deutlich, dass sich die Handelsströme nachhaltig verschoben haben. Die VAE und insbesondere Dubai spielen in diesem neuen Koordinatensystem eine entscheidende Rolle, da es seine geostrategische Lage professionell nutzt und konsequent ausbaut. Keine Fluglinie unterhält soviele Flugverbindungen nach Afrika wie Emirates. Emirates ist auch die einzige Linie, die Lateinamerika direkt mit Asien verbindet. Dubai Ports World, einer der weltweit größten Betreiber von Container-Terminals, unterhält Hafenanlagen in Asien, Afrika und Lateinamerika. Von Dubai aus wird die »neue Seidenstraße« genauso bedient, wie die Handelsströme von und nach Sao Paolo oder Buenos Aires. Die Verantwortlichen in Dubai antizipieren Entwicklungen und reagieren auf sich ändernde Handelsströme. Sie haben ihre Nische erkannt und sich entsprechend auf ihre Stärken konzentriert. Dubai ist damit noch lange kein allgemeingültiges Vorbild für die arabische Welt – aber ein Vorbild für Regionen, die sich in einer globalen Welt auf ihre Stärken besinnen, diese konsequent weiterentwickeln und sich auf diesem Weg treu bleiben.

Dubai nimmt gemeinsam mit Abu Dhabi eine besondere Rolle innerhalb der Vereinigten Arabischen Emirate ein, die aber auch als Föderation von dem Aufwärtstrend profitiert.

Trend Islamic Banking: Hussain al Qemzi, Banker und Chef der Noor Islamic Bank, setzt auf Service. Sein Institut hat 24 Stunden am Tag und sieben Tag in der Woche geöffnet. Zudem will die Bank in Zukunft auch in andere Länder expandieren.

Was ist Islamic Banking?

Seit den Anschlägen vom 11. September 2001 stehen islamische Banken vermehrt im Zentrum der Aufmerksamkeit. Oftmals wurden die islamischen Finanzinstitute von der westlichen Presse beschuldigt, den Terrorismus zu finanzieren und der Geldwäsche zu dienen. Viele erwarteten nach dem 11. September einen starken Rückgang dieses Banking-Typs. Doch wider Erwarten erfuhr der Sektor des Islamic Banking in den letzten Jahren einen starken Boom mit einem geschätzten jährlichen Kapitalwachstum von etwa 15 Prozent weltweit. Doch was steckt hinter dieser besonderen Art des Banking? Was macht die Besonderheit aus und wie ist das Islamic Banking entstanden?

Das Zinsverbot (Riba) ist eines der Hauptmerkmale des Islamic Banking. In der Regel werden Investoren in der islamischen Welt dazu ermutigt, einen Gewinn aus ihrer Investition zu erzielen, denn dies zeigt unternehmerisches Geschick. Zinsen hingegen werden bereits schon vor der unternehmerischen Tätigkeit fällig. Der Gedanke, aus Geld Geld zu machen, ist also nicht gestattet. Da konventionelle Banken sich aber hauptsächlich durch Zinseinnahmen finanzieren, stellt sich die Frage, womit verdienen islamische Banken ihr Geld, wenn nicht mit Zinsen? Dies zeigt sich am Besten an dem Beispiel eines typischen Finanzinstrumentes des Islamic Banking: der Murhaba. Bei der Murhaba reicht der Kunde bei der Bank einen Antrag über den Kauf einer bestimmten Ware ein. Die Bank wird nun diese bestimmte Ware mit der Bedingung kaufen, dass der Kunde die Ware nach Eingang zum vereinbarten Betrag zuzüglich einer Gewinnmarge für die Bank kaufen wird. Somit macht die Bank in diesem Fall kein Gewinn, indem sie Zinsen nimmt, sondern allein durch den Aufschlag auf die eigentliche Warenkaufsumme.

Ein weiteres Verbot ist das Investitionsverbot in Produkte und Dienstleistungen, die nach dem islamischen Glauben verboten sind. Diese Produkte sind Waren, die in Verbindung mit der Produktion von Alkohol, Glücksspiel, Pornografie, Tabakwaren, Massenvernichtungswaffen und anderen moralisch verwerflichen Objekten stehen.

Das Letzte der drei wesentlichen Gebote des Islamic Banking ist das Spekulationsverbot. Somit sind auch Devisengeschäfte verboten, da der Kostensatz vom Zinsgefälle abhängig ist. Islamic Banking ist weit mehr ist als nur eine regionale Spielart des Bankenwesens. Jede Bank, die in der Breite in der arabischen Welt erfolgreich sein will, muss auf diesem Gebiet eine Expertise haben. Islamic Banking wird das konventionelle Banking nicht ersetzen, wird aber in der Zukunft gleichwertig daneben bestehen.

BAUEN: DER WOW-FAKTOR

DIE GRÖSSTE BAUSTELLE DER WELT

In einer Videopräsentation der staatlichen Baufirma Nakheel heißt es in einem Nebensatz: »Wir verändern die gesamte Struktur der Stadt!« Bei einer Fahrt durch Dubai wird schnell deutlich, dass das kein übertriebener Werbespruch ist. Vor der gut 45 Kilometer langen Küste Dubais werden künstliche Inseln und Inselgruppen aufgeschüttet, entlang der Sheikh Zayed Road schießt ein Wolkenkratzer nach dem anderen aus dem Boden und bis weit ins Hinterland hinein entstehen neue Wohn- und Freizeitviertel. Wo das Auge hinreicht, wird gegraben, geschaufelt und gebaggert – vorsichtigen Schätzungen zufolge auf einer Fläche von 2000 km². Das entspricht mehr als der Hälfte der gesamten Bodenfläche Dubais und annähernd der Fläche Luxemburgs.

Dubais Küstenprojekte
1. »The Palm Jumeirah« ist die kleinste von drei Palmeninseln. Sie liegt vor dem Freizeit- und Hotelviertel Dubais, wurde als erstes Projekt fertiggestellt und »besiedelt«. Der sensationell schnelle Immobilienverkauf führt zur Planung von zwei weiteren Palmeninseln.
2. »The Palm Jebel Ali« ist aufwendiger gestaltet als die erste Palmeninsel, unter anderem wird über ihrem »Wipfel« eine Insel in Form eines Orca-Wals aufgeschüttet.
3. »The Palm Deira« wächst derzeit vor dem gleichnamigen Altstadtviertel Dubais auf einer Länge von über zwölf Kilometern in den Persischen Golf.
4. »The World« besteht aus mehreren Hundert Kleininseln, die aus der Luft betrachtet eine Weltkarte darstellen.
5. »The Universe« ist das derzeit letzte angekündigte Inselprojekt. Zwischen der Küste und »The World« soll ein Abbild des Sonnensystems entstehen.

Die atemberaubende Baugeschwindigkeit verwirrt besonders Dubais Taxifahrer – deren Fahrgäste natürlich erwarten, dass die sich in dem Straßenlabyrinth der täglich wachsenden Neubauviertel auskennen.

Ungebremster Bauboom

Selbst wenn man in Dubai wohnt, fällt es schwer, den Überblick über die einzelnen Bauvorhaben zu behalten. Bei einem Blick auf den aktuellen Stadtplan wird nur andeutungsweise klar, warum. Hinter 25 Namen, die dort eingezeichnet sind und ein bisschen nach Walt Disney klingen, etwa »Die verlorene Stadt« oder »Lebende Legenden«, steht in Klammern das unscheinbare Kürzel (u/c), under construction. Wörtlich übersetzt heißt das einfach nur »im Bau«, im Klartext: Achtung, hier wird innerhalb der nächsten 24 Monate ein neuer Stadtteil Dubais hochgezogen, bestehend aus vier separaten und sehr schön gelegenen Wohnvierteln mit je 1500 Nobelvillen, 30 Wolkenkratzern mit Appartements der Luxusklasse, einer alles miteinander verbindenden Seen-Landschaft mit Brücken und Kanälen, dazu fünf Hotels, »wie sie die Welt noch nicht gesehen hat«, und einem Hightech-Freizeitpark. Die Mega-Shopping-Mall ist eine Selbstverständlichkeit und wird nicht extra erwähnt. Ein neuer Flughafen hat sechs Landebahnen und ist fünfmal so groß wie London Heathrow, ein geplanter Kanal wird die längste je gebaute künstliche Wasserstraße.

Legende – der Hafen von Jebel Ali

Als Begründer des modernen Dubais gilt Scheich Rashid bin Saeed al Maktoum, der von 1958 bis zu seinem Tod im Jahr 1990 regierte. Der Legende nach war es bei einem Spaziergang vor 30 Jahren am Strand von Jebel Ali, als er plötzlich stehen blieb, seinen dünnen Kamelreitstecken, Khazairan genannt, in den Sand steckte und seinen Beratern sagte, hier hätte er gern einen Hafen! Kurz darauf begannen die Arbeiten am größten künstlichen Hafen der Erde.

Sheikh Zayed Road

Abgesehen von der Küste lässt sich die Entwicklung Dubais (siehe Bild links mit dem Burj Dubai im Bau) besonders gut an der Ausfallstraße Richtung Abu Dhabi, der Sheikh Zayed Road, erkennen. An ihrem Beginn – vom Creek, einem weit ins Landesinnere ragenden Meeresarm, kommend – steht das Dubai World Trade Center, das mit seinen 184 Metern Höhe ab 1979 für ein paar Jahre das höchste Gebäude der Emirate war. Aus seinen oberen Etagen gen Westen blickend erstreckte sich – nichts! Das Trade Center erhob sich an der Stadtgrenze, dahinter gähnte rechts und links des schwarzen Asphalts eine öde leere Steppenlandschaft bis ins 25 Kilometer entfernte Jebel Ali. Dann begann Dubai kräftig die Werbetrommeln zu schlagen, laut und deutlich hallte es für Touristen und Investoren in der ganzen Welt: Kommt nach Dubai! Die ersten Architekten hörten den Ruf Scheich Maktoums, der ihnen bei der Gestaltung und Realisierung ihrer Entwürfe freie Hand ließ. Das Trade Center verschwand langsam aber sicher im Schatten der Neubauten, die als Symbolträger für modernes Design und Fortschritt zunehmend auch in internationalen Werbefilmen als Hintergrundkulisse dienten. In dem Maße wie Dubai bekannter wurde, steigerte sich das Bautempo. Inzwischen ist es schlicht atemberaubend. »Wenn du heute eine Woche hier nicht langgefahren bist, glaubst du, du hast dich verfahren«, sagt ein Taxifahrer.

Ziel Weltmetropole

Denn Scheich Mohammed bin Rashid al Maktoum hat eine nicht unbedingt bescheidene Vorstellung von der Zukunft Dubais, die da lautet: »Ich will die Nummer eins in der Welt sein«, und er hat es eilig, diesen Traum zu verwirklichen. Seine Weltmetropole soll eine gelungene Kombination aus Erholungsoase und Wirtschaftszentrum werden. Im Schichtbetrieb ziehen 300 000 Billigarbeiter aus Indien, Pakistan und den Philippinen »Media City«, »Business Bay« oder »Festival City« in den blauen Himmel über Dubai. Wenn die Sonne untergeht, springen Starkstromlampen an und beleuchten halbfertige Rohbauten, die aus der Nähe betrachtet wie lebendige Ameisenhügel wirken. Ausländern, die in Dubai leben, fällt beim Urlaub in ihren Heimatländern als Erstes die Langsamkeit auf, mit der die Dinge dort vonstatten gehen. In der gleichen Zeit, in der andernorts die Genehmigung für einen Kundenparkplatz geprüft wird, entsteht in Dubai ein neues Stadtviertel. Dieser Vergleich mag ungerecht erscheinen, er ändert aber nichts an der Wirklichkeit. Blättert man in Magazinen und Zeitschriften, springen einem geplante, im Bau befindliche oder vor kurzem fertiggestellte Superlative nur so entgegen. Es vergeht kaum ein Tag, an dem nicht einer von ca. 35 000 Baukränen (einem Viertel der weltweit verfügbaren!), die in Dubai momentan im Einsatz sind, abgebaut und umgestellt wird. Derzeit addieren sich in den Emiraten die aktiven Vorhaben auf die stolze Summe von über 951 Milliarden Euro! Allein in Dubai entstehen eine neue 14-spurige Brücke über den Creek, einen weit ins Landesinnere ragenden Meeresarm, sowie ein neuer Kulturdistrikt mit Opernhaus, 14 Theatern und elf Kunstgalerien. Außerdem eine Metrolinie, fünf neue Wohnviertel mit Tausenden von Villen, drei neue Büro- und Geschäftsviertel und nicht zu vergessen der neue Flughafen, der 75 Kilometer (!) lange Arabian Canal und natürlich der Burj Dubai. Da mag bei manchem, der seinen Urlaub in Dubai plant, ein ungutes Gefühl aufkommen. Doch während in anderen Ländern Baustellen von Touristen fotografiert werden, um eine Reklamation wegen Minderung des Erholungswertes zu begründen, sind sie in Dubai eine Attraktion. Die Welt will dabei sein, will sehen, was hier im Rekordtempo entsteht.

Kein Qualitätssiegel: Alles auf Sand gebaut?

Aber auch die Kritik am allzu schnellen Wachstum Dubais mehrt sich. In den lokalen Medien häufen sich Fragen nach der ökologischen Nachhaltigkeit und dem immensen Energiebedarf der Megaprojekte in der Wüste sowie nicht zuletzt nach den sozialen Folgen aufgrund der Heerscharen von Billigarbeitskräften aus dem Ausland. Hinzu kommen Berichte über Probleme mit dem Untergrund. Beim Bau des Burj al Arab kursierten Gerüchte, sein Fundament sei zu schwach und der Hotelturm könne sich neigen. Eilig pumpte man zusätzlichen Beton in die Erde. Der enorme Zeitdruck, unter dem die Bauherren stehen, kostete in den letzten Monaten mehreren Arbeitern durch einstürzende Brücken und Gebäudeteile oder Brände das Leben. Neben Bodenbeschaffenheit und Zeitdruck ist das feuchte Klima an Dubais Küste der ärgste Feind der Architekten. Ein Blick auf die erste Häusergeneration aus den 1970er Jahren macht deutlich, dass schlecht isolierte Stahlträger sehr schnell zu rosten beginnen und die Bausubstanz regelrecht wegsprengen. Bei Fachleuten schneidet auch die neue Generation mitunter nicht sonderlich gut ab, manche sprechen von einer 30 – 40 Jahre dauernden »Haltbarkeit«.

Rufer in der Wüste

Doch der ungebrochene Ansturm auf Immobilien, die nur auf dem Reißbrett bestehen, lässt Kritiker wie den berühmten Rufer in der Wüste erscheinen. Als die Firma Nakheel im September 2006 ihr Projekt »Jumeirah Park« ankündigte, belagerten Kaufinteressenten schon Stunden vor Eröffnung des Präsentationsbüros die Eingänge. Einige hatten sogar angeblich davor campiert. Innerhalb weniger Stunden waren alle Wohneinheiten der ersten Phase verkauft. Doch wer um Himmels Willen wohnt denn in den 2700 angekündigten Villen? Die Interessengruppen sind vielfältig. Dubai verzeichnet einen gesunden Zuwachs bei seiner einheimischen Bevölkerung. Unter den monatlich Tausenden von Einwanderern sind ebenfalls kaufkräftige Bewohner dabei, immer mehr Firmen aus aller Welt lassen sich in Dubai nieder und brauchen Wohnungen für ihre Mitarbeiter, und schließlich sind da noch die Spekulanten aus den arabischen Nachbarländern. Die zogen ihr Kapital nach den Anschlägen vom 11. September 2001 aus Amerika ab und investieren lieber in die Boomtown Dubai. Um den Anreiz noch zu unterstützen, änderte das Emirat sogar seine Einwanderungspolitik. Denn bis vor wenigen Jahren war es Ausländern nicht gestattet, Grund und Boden in Dubai zu besitzen oder sich dort ohne Arbeitsvertrag längerfristig aufzuhalten. Heute erwirbt ein ausländischer Käufer mit seiner Immobilie automatisch ein 99-jähriges Aufenthaltsrecht. Der Preis ist allerdings entsprechend hoch: In erwähntem »Jumeirah Park« liegt er mindestens bei 600 000 Euro.

»In welches Dubai möchten Sie denn?«

In den Hochglanzbroschüren wird meist von neuen »Vierteln« gesprochen, doch der Begriff ist eigentlich fehl

Enormer Verbrauch an Baustoffen

Der jährliche Verbrauch an Zement stieg in den Emiraten innerhalb der letzten 16 Jahre von knapp drei Millionen Tonnen auf heute 17 Millionen, bis 2011 sollen es über 26 Millionen sein. Zum Vergleich: Deutschland hat einen jährlichen Pro-Kopf-Verbrauch von ca. 350 Kilogramm, die Emirate von 2,9 Tonnen. Mit der Herstellung kommen die 13 lokalen Hersteller kaum noch nach, zeitweise können sie nicht einmal die Hälfte liefern. Die für die Brennöfen benötigte Gasmenge kann ebenfalls kaum noch vom heimischen Markt gedeckt werden und wird durch teuren Diesel ersetzt. Um den Anstieg der Baukosten zu bremsen, führte die Regierung Preisbeschränkungen ein. Dubai, dessen Zementimport 2007 um 74 Prozent auf fast drei Millionen Tonnen anstieg, griff zu einem weiteren Mittel, indem es die Importzölle abschaffte. Trotzdem stieg der Preis um 25 Prozent und mancher Bauherr bedient sich auf dem florierenden Schwarzmarkt, auf dem es auch Stahl zu kaufen gibt. Denn der muss fast gänzlich aus dem Ausland bezogen werden und seit 2004 hat sich sein Preis mehr als verdoppelt. Und waren es 2007 noch fünf Millionen Import-Tonnen, wird es 2010 ebenfalls doppelt so viel sein (im Bild oben die beleuchtete Baustelle des Stadtteils Downtown)!

Flachglas für Dubai

In der Guardian Flachglas GmbH in Thalheim in Deutschland kontrolliert ein Mitarbeiter das für den Versand bereitgestellte Sonnenschutzglas. Es wird in Dubais neuem Wahrzeichen, dem Burj Dubai, eingesetzt werden.

Selbst bei Nacht geht die Hetze weiter, denn wegen der hohen Tagestemperaturen können einige Arbeiten, zum Beispiel das Betongießen, erst nach Sonnenuntergang durchgeführt werden.

Kopie des Eiffelturms, aber höher!

Früher lernten Kinder, dass der Eiffelturm in Paris steht und dass es die Hängenden Gärten von Babylon – eines der sieben Weltwunder der Antike – nicht mehr gibt. Wer das als Lehrer in Zukunft rot anstreicht, wird sich eines Besseren belehren lassen müssen. Denn eines der wohl spektakulärsten Projekte dürfte die »Falkenstadt der Wunder« sein, deren Bau vor kurzem in Angriff genommen wurde. Aus der Luft betrachtet zeichnen die Umrisse dieses aus mehreren Wohnvierteln und Freizeitbereichen bestehenden Vorhabens einen Falken mit angelegten Flügeln in den Wüstensand. Aber was sozusagen in seinem Bauch entsteht, das wird manchen Lehrer zur Verzweiflung treiben: Eiffelturm und Hängende Gärten, römisches Kolosseum und indisches Tadsch Mahal, Chinesische Mauer und der Leuchtturm von Alexandria – um nur einige zu nennen – werden in Zukunft nur wenige Gehminuten voneinander entfernt zu finden sein. Im Original? Teilweise, der Eiffelturm soll sogar höher werden, die Cheops-Pyramide von Gizeh dagegen etwas kleiner, dafür vollständig aus Glas und bewohnbar!

»Der Koloss von Dubai«

Obwohl es sich nicht um ein Gebäude der Kategorie »das höchste« oder »das teuerste« handelt, könnte der Burj al Arabi der Stadt Dubai zu einem weiteren

Eintrag in das Guinness-Buch der Rekorde verhelfen. Denn der »nur« 140 Meter hohe Wolkenkratzer soll in Form eines Mannes, der mit dem traditionellen Gewand der Golfaraber gekleidet ist, gebaut werden. Damit wäre es das weltgrößte Abbild eines Menschen. Die Betonung liegt auf wäre, denn das geht selbst einigen Muslimen zu weit, ist doch die Darstellung des menschlichen Ebenbildes im Islam eigentlich verboten. Der Bauherr ließ zwischenzeitlich versichern, er habe das Projekt von einem Geistlichen absegnen lassen und betonte seinen Respekt vor der Religion und der Kultur Arabiens, die dieses Gebäude repräsentieren solle.

am Platz. Denn da ist die Rede von 200 000 oder 300 000 Menschen, die dort in Zukunft eine Heimat oder einen schicken Arbeitsplatz finden sollen. In der Dubai Marine Waterfront sollen es gar 750 000 Menschen sein. Es wird nicht mehr lange dauern und die Taxifahrer werden den unkundigen Gast fragen müssen, in welches Dubai er denn gern möchte: Dubai Academic City, Dubai Healthcare City oder doch in die Maritime City? Die Planer von Dubais Zukunft geben sich jedoch nicht damit zufrieden, einfach schnell ein paar schöne Villen oder Hotels in den Sand zu zaubern, auch die Innenausstattung ist vom Feinsten. Marmorne Fußböden, goldbeschlagene Säulen, Aquarien so groß wie Schwimmbäder, Wasserfälle und als technischer Clou: der Online-Kühlschrank! Ist beispielsweise nur noch eine Tüte Milch im Kühlfach, piept es im Supermarkt um die Ecke und ein Angestellter bringt automatisch Nachschub. Dubais Verkehrsprobleme vor Augen, sollen die Bewohner alles Nötige in der näheren Umgebung finden: Post, Apotheke, Spielplätze, Schulen und natürlich Restaurants und Cafés.

Ein Denkmal für Scheich Mohammed

Während dieser Text entstand, hat sich Scheich Mohammed al Maktoum schon das nächste Projekt ausgedacht, an einen Bauträger vergeben und Hochglanzbroschüren drucken lassen. Bei so viel Engagement ist es nur verständlich, dass die Stadt ihm ein Denkmal setzt. Natürlich nicht in Form einer Säule, sondern ein Stadtviertel soll seinen Namen tragen. Übrigens, auf die Frage, wie weit er denn glaube, mit seiner Weltmetropole schon vorangekommen zu sein, lautete die »bescheidene« Antwort: »Alles was Sie hier sehen, sind zehn Prozent davon.«

ALLE TRÄUME DER MODERNE: ARCHITEKTUR OHNE GRENZEN

Ein Besucher der »Enthüllungszeremonie« zeigte sich tief bewegt und schilderte seine Eindrücke in einem Internet-Forum zum Thema Dubai: »Inmitten einer dramatischen Atmosphäre aus Musik und Licht, abwechselnd aufgeführten alten Kriegstänzen und modernen Tanzperformances sowie einem spektakulären Feuerwerk, wie ich es noch nicht gesehen habe, enthüllte seine königliche Hoheit, Premierminister und Vizepräsident der VAE und Herrscher von Dubai, Scheich Mohammed bin Rashid al Maktoum der Öffentlichkeit die Pläne für die ›Godolphin River City‹ und lud die Gäste herzlichst ein, sich das plastische und maßstabsgetreue Modell der GRC (Bild links) anzusehen. Als die magische Stadt auch noch auf einer theatergroßen Leinwand in eindrucksvollen computeranimierten Bildern vorgestellt wurde, ging ein zustimmendes Raunen durch die Menge.« Solche Feierlichkeiten finden in letzter Zeit regelmäßig statt, nicht immer geht es dabei gleich um ganze Stadtteile, aber immer öfter! Manchmal ist es ein Wolkenkratzer mit rekordverdächtiger Höhe oder außergewöhnlicher Architektur, eine Insel in Walform oder ein arktischer Zoo. Aber was immer geplant ist, eine perfekte Werbinszenierung mit Modell, Filmen und Hochglanzbroschüren fehlt nie, denn schließlich baut der Scheich auch für seine Untertanen, und die wollen wissen, wo sie in Zukunft wohnen.

Um ein Wahrzeichen zu werden, braucht ein Gebäude eine charakteristische Architektur, die in wenigen klaren Linien schnell skizziert werden kann. So erkennt jedes Kind den Eiffelturm und mittlerweile auch das Burj al Arab. Das auf der Jumeirah Palme entstehende Trump International Hotel and Tower ist ein Gebäude mit solch klaren Linien, die es zum Wahrzeichen werden lassen könnten, vielleicht nicht von Dubai, aber zumindest von der Palmeninsel. Wohlfühlen werden sich seine Bewohner und die Gäste des Hotels auf jeden Fall, denn die Innenausstattung der beiden miteinander verbundenen Türme wird vom Feinsten sein, schließlich steht mit Donald Trump als Namenspatron und Investor nicht irgendwer hinter der Finanzierung, sondern einer der erfolgreichsten Wirtschaftsmagnaten der Erde. Rund 440 Millionen Dollar wird der Bau des als »Symbol für Dubais Glamour« angekündigten Gebäudes verschlingen. Die Eröffnung ist für 2009 angekündigt. Dann wird das Fünf-Sterne-Hotel seinen Gästen bereits in der Lobby einen atemberaubenden Empfang bieten, denn das Glasdach gibt den Blick auf die 360 Meter hohen Türme frei.

Dubais Einkaufszentren sind nicht nur Shopping-Meilen, sie sind wahre Erlebniswelten mit eigenwilliger Architektur und extravaganter Ausstattung.

»Die Erde hat ein neues Zentrum« lautet der Werbeslogan von Dubais derzeit größtem Einkaufszentrum, der Dubai Mall. Mittelpunkt des Zentrums ist eines der weltgrößten Aquarien (Bild unten), drei Stockwerke hoch und mit zwei Glastunneln versehen, um den Tigerhaien und Stachelrochen direkt ins Auge blicken zu können.

Es soll ja Prominente geben, die ihren Bekanntheitsgrad an der Zahl ihrer Einträge in einer Web-Suchmaschine wie Google messen. Das Burj al Arab, das »legendäre Hotel des Jahrtausends« – so ein Werbetext –, schafft es immerhin auf fast 1,5 Millionen Einträge. Damit hat es den Fußballkaiser Beckenbauer schon um eine halbe Million geschlagen, für Madonna reicht es allerdings noch nicht. Die hat 120 Millionen Klicks.

Natürlich fängt der Luxus des Burj al Arab nicht erst beim Betreten der Lobby an. Schon am Flughafen Dubai wird man gegen Aufpreis entweder mit einem schneeweißen Rolls-Royce oder – gegen einen klein wenig höheren – Aufpreis auch mit dem Helikopter abgeholt. Wie teuer das ist? Da müssen Sie den Concierge fragen!

Dass das 312 Meter hohe Burj al Arab-Hotel teuer ist, weiß man: Die günstigste, 170 m² große Suite (Zimmer gibt es nicht) ist für rund 1200 Euro die Nacht zu haben. Dass es sich bei täglich 100-prozentiger Auslastung angeblich erst in 50 Jahren amortisiert haben soll, haben Dubai-Kenner wohl auch schon gelesen, aber wie viele Fische in den drei Riesenaquarien schwimmen, weiß kein Mensch. Jeder Neuankömmling richtet nämlich erst mal den Blick nach oben an die 180 Meter entfernte Decke, bewundert die blattgoldbelegten Säulen des Atriums und wird dann von der 42 Meter in die Höhe schießenden Springbrunnenfontäne abgelenkt. Beim Verlassen des Hotels sind die Gäste noch entzückt vom hervorragenden Service ihres Butlers, freuen sich über das exklusive Parfüm und die teure Badeseife mit eingraviertem Hotellogo, die sie offiziell mitnehmen dürfen. Übrigens: Es sollen 2550 Fische sein, die in den Aquarien schwimmen und sich eines besonderen Status erfreuen. Sie sind unantastbar, und für sie bricht das Hotel sogar seine Dem-Gast-keinen-Wunsch-abschlagen-Philosophie: Als ein Gast mit knapper Geste einen besonders schönen Barsch aus dem Aquarium als Mittagessen orderte, behalf man sich mit einer Notlüge; der Fisch – und alle anderen ebenfalls – seien reserviert! Der alternativ kredenzte Hummer schmeckte dem Gast dann auch vorzüglich.

In Dubai wartet man nicht auf eine architektonische Zukunft, man baut sie. Neuester Clou: die sich drehenden Windtürme mit eingebauten Windturbinen.

»Wir warten nicht darauf, dass Dinge geschehen, wir lassen sie geschehen«, ist einer der Wahlsprüche von Scheich Maktoum, und nichts scheint ihm unmöglich. Deshalb überrascht es nicht, dass gerade in Dubai ein völlig neuartiges Konzept des Architekten David Fischer wahrscheinlich zum ersten Mal in die Tat umgesetzt werden wird. Er entwarf ein Hochhaus, das sich drehen, bewegen und ständig seine Gestalt verändern kann. »Es wird nie gleich aussehen«, sagte er in einem Interview. Die geplanten 80 Etagen rotieren um eine zentrale Achse, und so wird es seinen zukünftigen Bewohnern möglich sein, per Knopfdruck gleich mit der ganzen Wohnung dem Lauf der Sonne zu folgen. Diese individuelle Freiheit gibt es allerdings nur in den oberen drei oder vier Etagen, die man komplett kaufen muss. Für die darunter liegenden sind bis zu acht Wohnungen pro Stockwerk geplant, und um Streit mit den Nachbarn zu verhindern, wird deren Rotation zentral gesteuert. Ein weiterer, ökologisch sehr interessanter Aspekt ist die Energieversorgung. »Ich habe das Projekt in dem Wissen begonnen, dass Wolkenkratzer oft vom Wind beschädigt werden. Also fragte ich mich, warum nutzen wir nicht den Wind?«, so der Architekt. Zwischen den einzelnen Etagen sind deshalb Turbinen eingebaut und übernehmen die komplette Stromversorgung.

»Die ikonischen Strukturen werden ein choreographiertes Konzept der Form und Funktion darstellen, um metaphorisch die Bewegung von Kerzenlicht zu repräsentieren« – so euphorisch (und geschraubt) werden die vier Gebäude rechts im Bild beschrieben. Die Dubai Towers gehören zu den »Lagoons«, einem weiteren Neustadtviertel, auf dessen Areal auch Dubais neues Opernhaus entstehen wird. Nahezu schlicht ist der obige Entwurf eines Büroturmes in der zukünftigen »Business Bay«.

Ein Kritiker nannte Dubai mal einen »architektonischen Verhau, optisch gemischt aus Shanghai, Disney World, Las Vegas und Teneriffa-Süd«. Da mag er nicht ganz Unrecht haben, aber vielleicht spielt da auch ein gewisser Neid eine Rolle, dass diese Stadt sich etwas traut, wofür andere Städte kein Geld, keinen Platz oder schlicht keine Fantasie haben. Denn welche Metropole käme auf die Idee, die Cheops-Pyramide aus Gizeh als Vorbild für ein modernes Wohn-, Einkaufs- und Geschäftsgebäude in einem zu nehmen und in seiner Nachbarschaft gleich noch ein paar antike Weltwunder aufzustellen? Ist es nicht reizvoll, in Zukunft nicht nur von den verschwundenen Hängenden Gärten von Babylon im Geschichtsunterricht zu lesen, sondern sie besuchen zu können? Es mag wahnwitzig anmuten, aber manchmal scheint an dem Werbespruch einer lokalen Baufirma etwas dran zu sein: »Die Kraft zu träumen und den Mut sie (die Träume) zu leben.« Dubai lebt seine Träume und selbst wenn wirtschaftliche Interessen dahinterstehen, schaffen sie eine fantastische Welt, die anderen zumindest einen Platz zum Träumen gibt.

Für einige Kritiker ist Dubai aufgrund der vielfältigen Architektur eine unorthodoxe Mischung vieler Baustile, doch aufhalten lässt man sich im Emirat davon nicht (die kleinen Bilder auf der rechten Seite zeigen Computergrafiken des Bauprojekts Jewel of the Creek).

Da macht Lernen wieder Spaß. Statt im drögen Physikunterricht zu büffeln, besuchen arabische Familien mit ihrem Nachwuchs einfach den Stargate Edutainment Park (Bild links). Der Name ist Programm, eine Mischung aus Education und Entertainment, also eine Art bildender Vergnügungspark – oder vergnüglicher Bildungspark? Damit sich die Kinder so richtig wie Käpt'n Kirk fühlen können, bekommen sie einen Spacewatch, einen Peilsender, damit sie im Gewühl nicht verlorengehen – oder den »Unterricht« schwänzen?

GIGANTOMANIE BEI VERGNÜGUNGSPARKS: ALLES BESSER UND GRÖSSER

Wer auf die Internetseite von Disney World in Florida geht, stößt in der zweiten Überschrift auf den vollmundigen Satz: »Kein anderer Disney-Park kommt an Disney World in Florida heran.« Das stimmt. Noch. Wenn der Park in Florida allerdings nicht ganz schnell mit enormen Investitionen in Milliardenhöhe ein paar aufwendige Erweiterungen in Angriff nimmt, wird er seinem Werbetext eine Zusatzzeile anfügen müssen: »Außer Dubailand in den Vereinigten Arabischen Emiraten.«

Dinos in Dubailand
Noch werden die Urzeitriesen am Computer erzeugt, schon bald jagen sie den Besuchern des gigantischen Freizeitparks Angst und Schrecken ein.

Vergnügungspark so groß wie eine Stadt

Um zu ermessen, was Dubai hier mit einem Kostenaufwand von 60 Milliarden Dollar in den nächsten Jahren plant, schadet es nicht, ein paar Zahlen aus dem Heimatland der Micky Maus zu kennen: Disney World in Florida umfasst etwa 120 km² und ist in vier große Themerparks unterteilt. Da wohnt dann Cinderella mit Minnie Maus und Goofy in ihrem Märchenschloss oder man trifft auf die Piraten der Karibik. Drei Wasserparks sorgen für Freizeitspaß, sechs Golfplätze für sportliche Betätigung und natürlich sind auf dem Gelände jede Menge Geschäfte, Restaurants sowie 18 luxuriöse Hotels. Dubailand wird ähnlich strukturiert sein, nur dass es statt vier wahrscheinlich sechs oder sieben Themenparks mit angekündigten 45 Megaprojekten geben wird. Doch bei diesem Vergnügungspark – ein unwirklicher Begriff angesichts der Ausmaße – ist es ähnlich wie mit dem Burj Dubai: Wie groß der Vergnügungspark letztendlich wird, weiß keiner so genau, die Angaben schwanken zwischen 120, 180 und reichen sogar bis 280 km² – das wäre dann fast die Fläche einer Millionenstadt in unseren Breiten. Bei diesen Ausmaßen scheint es, als hätten Dubais Herrscher selbst ein wenig Motivationshilfe nötig, denn in einem Werbevideo wird einem der Slogan vom »Mut zum großen Denken« nur so um die Ohren gehauen.

Licht- und Toneffekte im Museum

Die Arbeiten an dieser Stadt werden jedenfalls mit einer Vehemenz vorangetrieben, dass es einem schwindelig wird und man meinen könnte, Dubais Einwohner und Touristen langweilten sich derzeit zu Tode. Dabei beflügelte der Wunsch nach lebendiger Gestaltung von Freizeit und Lebensfreude in Kombination mit Vermittlung von Wissen schon den Ausbau des Dubai Museums. Erstmals kamen hier Ton- und Lichteffekte zum Einsatz, um Besucher in eine vergangene Welt zu entführen. Die ersten Parks, auf die der Name auch noch zutrifft, waren zum Beispiel der Creekside Park, der sich am Ufer des Meeresarmes erstreckt. Aber die Anlage nahm schon solche Ausmaße an, dass man für Fußfaule und Kinder regelmäßig eine Kleinbahn durch den Garten schickt, und die beiden 2,5 Kilometer voneinander entfernten Enden sind mit einer Seilbahn verbunden, die einen herrlichen Blick über Dubais Meeresarm erlaubt. Zwischen den Bäumen versteckten sich die ersten technisch aufwendigeren Attraktionen wie die Children's City, die Kinderstadt, mit einem interaktiven Museum über den menschlichen Körper oder das Weltall. Abkühlen können sich die Kleinen im Wunderland mit Wasserpark.

Rakaan und die Perle der Wüste

Im Vergleich zum »Wild Wadi Water Park« (siehe Bild links) sieht der Wunderwasserpark aber eher wie ein Planschbecken aus. Das wilde Wadi (arab. Tal)

bedeckt eine Fläche von 49 000 m², auf der 40 000 Pflanzen von der Palme bis zur Bougainvillea das Auge erfreuen. Mehrere Rutschen, die größte gut 33 Meter hoch, auf der man eine Geschwindigkeit von 80 km/h erreicht, Kanäle und Schwimmbecken bilden den größten Abenteuer-Wasserspaß außerhalb Amerikas. Für Piraten ab fünf Jahren gibt es einen ganz besonderen Abenteuerspielplatz. Die Legende von Rakaan inspirierte die Planer des neuen Aqua Dubai Park von Dubailand: Angeblich war der Beduinenjunge fasziniert von der See, baute sich ein Schiff namens »Perle der Wüste« und segelte um die Welt. Nach seiner Rückkehr bedeckten Wind und Sand das am Ufer liegende Schiff, bis es heutzutage von den Besuchern des neuen Parks sozusagen wiederentdeckt wird. Was sie da allerdings bestaunen können, lässt zumindest Zweifel daran aufkommen, dass dieser Rakaan seine Perle allein baute, denn das im Zentrum des Parks liegende Schiff soll mit 330 Metern Länge größer werden als der berühmte Luxusliner Queen Elizabeth 2. An Bord wird es Fünf-Sterne-Kojen geben, die sicherlich mehr bieten als gepolsterte Hängematten mit Goldrand. Zur Unterhaltung stehen ein Theater mit 1400 Plätzen zur Verfügung sowie verschiedene Spielplätze. Insgesamt sollen 55 abenteuerliche Attraktionen auf dem mit

Gigantismus ohne Grenzen: Dubailand ist nur einer von mehreren — wenn auch kleineren — Freizeitparks.

93 000 m² mehr als doppelt so großen Areal wie das wilde Wadi entstehen, darunter Wassertunnels, Kanäle, ein Labyrinth mit Wasserwänden und natürlich Schwimmbecken und Rutschen. Über die benötigte Wassermenge finden sich leider keine Angaben, aber nachdem für Besucher auch die Fahrt in einem kleinen U-Boot angeboten wird, dürfte sie nicht unerheblich sein.

Dubailand ist nicht allein

Dieser Aqua Park – das nur zur Erinnerung – ist nur eine von vielen neuen Fantasiewelten im Dubailand. In die Geschichte der Luftfahrt werden Besucher in der »Welt der Flugzeuge« entführt. Der nächste Schritt ist konsequenterweise das Weltall: Bitte schön, gleich nebenan entsteht die Space & Science World inklusive Weltraumhotel. Dubai mag mit der Größe seiner Attraktionen ein wenig übertreiben, liegt aber in einem weltweit steigenden Trend. Da es nichts gibt, was auf dieser Erde nicht statistisch erfasst oder berechnet werden kann, lassen sich natürlich auch Hersteller von Achterbahnen und Riesenrädern Zukunftsprognosen erstellen. Die sehen gar nicht schlecht aus. Weltweit suchten 2004 fast 147 Millionen Menschen Ablenkung in einem Freizeitpark, bereits 2009 sollen es 20 Millionen mehr sein.

Dubailand wird der größte und teuerste zusammenhängende Freizeit-Park der Erde, aber nicht der Einzige im Emirat. Gerade ist die erste Palmeninsel fertig geworden und das spektakuläre Hotel »Atlantis« hat eröffnet, zu dessen Ausstattung selbstverständlich ein kleines Freizeitparadies gehört. In der »Delfin-Bucht« haben Gäste die Möglichkeit, mit 28 extra importierten Delfinen ein Entspannungsprogramm zu schwimmen. Im Garten des Hotels erheben sich mayaähnliche Pyramiden, die Teil des Aquaventure sind, einem – genau – Wasserfreizeitparadies mit Rutschen. Eine davon endet in einer Glasröhre, die durch ein Hai-Aquarium führt.

Der Orca sorgt für Überraschungen

Bei all diesen fantastisch anmutenden Projekten gelingt es Dubai immer noch, die Besucher seiner Touristikmesse zu überraschen. So wie im Frühjahr 2008. Selbst Kenner der Bauszene staunten nicht schlecht, als der geänderte Entwurf der zweiten Palmeninsel »Jebel Ali« publik gemacht wurde. Über dem Wipfel der Palme »schwimmt« ein Orca, gemeint ist eine Insel in Wal-Form. Eine neue Insel ist keine Sensation mehr, die Form letztendlich eine Spielerei – allerdings der Bebauungsplan ließ aufhorchen. Denn neben außergewöhnlichen Hotels und zusätzlichen Stränden gehört dazu ein Freizeitareal mit vier Themenparks – genauso viele wie in Orlando! Zusätzlich zum Dubailand! In einem Interview mit »Die Welt« stellte Regard Abooyakou, der leitende Projektentwickler, »Discovery World« (Entdeckerwelt) vor: »Neben einer Dschungelwelt (Busch Gardens) gibt es einen Wasserpark (Sea World) mit Rutschen und Bademöglichkeiten sowie ein riesiges Hotel, einen Zoo mit arktischen Tieren und eine Killerwal-Show. Im Jahr 2012 sollen die Themenbereiche Sea World und Busch Gardens eröffnen, alles andere bis 2015.« Das »alles andere« ist eine künstliche Höhlenwelt und der Aquatica Wasserpark.

Neues vom Sport

Dubailand wird nicht nur ein Paradies für Kinder sein, auch Erwachsene sollen hier ihren Spaß haben. Dubais Männer fahren gern Auto, und wie ihre deutschen Kollegen hindert sie der massive Verkehr auf öffentlichen Straßen daran, mal so richtig Gas zu geben. Das war zwar nicht der Grund, eine Formel-1-taugliche Rennstrecke auf dem Gelände von Dubailand zu errichten, aber wenn sie nun mal da ist, soll sie auch genutzt werden. Denn mit dem Austragen von Rennen zwischen BMW und Ferrari hat es leider nicht geklappt, die Entscheidung der Formel-1-Gewaltigen ist für den neuen Parcours in Bahrain gefallen. Aber dafür gibt

Dubais schönste Golfplätze

Die zwei ältesten Plätze entsprechen gleichzeitig dem Weltklassestandard, auf dem die hochdotierten Turniere stattfinden. Das sind der »Emirates Golf Club« im Westen der Stadt und der »Dubai Creek Golf & Yacht Club« (siehe Bild rechts) am Ufer des Creek, des ins Landesinnere ragenden Meeresarmes. Letzterer ist vor allem wegen seines in Form eines Dhau-Segels errichteten Clubhauses bekannt. In Anlehnung an die schottischen Highlands entstand der »Montgomerie Dubai«-Meisterschafts-Parcours. Der »Arabian Ranches Desert Course« bietet ein ursprüngliches Landschaftsbild mit vielen Sandflächen und Buschwerk. Der »Nad Al Sheba« ist angeblich der einzige vollkommen mit Flutlicht ausgestattete 18-Loch-Platz im Mittleren Osten. Traumhaft angelegt ist auch der Platz im »Jebe Ali Golf Resort«, allerdings nur ein Neun-Loch Parcours, dafür mit exotischer Pflanzen- und Vogelwelt.

Delfine in Dubailand

Natürlich verzichtet der weltgrößte Freizeitpark nicht auf die beliebten Meeressäuger, die als Skulptur die Besucher begrüßen.

Lyon in den Sand gesetzt

Natürlich fehlen auch nicht die Neider und Schwarzmaler, die Dubais Projekte nicht ganz so rosig sehen. Vom Ideenklau wird da gemunkelt; mildere Stimmen sprechen vom einfachen Kopieren der Welt. Die Behauptung vom Ideenklau ist unberechtigt, im Gegenteil. Dubai kauft Know-how und Ausstattung seiner Parks bei den Amerikanern ein – kein unerhebliches Geschäft. Und welcher Bürgermeister fühlte sich nicht geschmeichelt bei der Anfrage, ob seine Stadt nicht in der Wüste Dubais nachgebaut werden dürfe. Nicht aus Pappmaché im Maßstab 1:10 000, sondern in Originalgröße! Christophe Cizeron, Kabinett-Chef des Bürgermeisters der französischen Stadt Lyon, hat jedenfalls kein Problem damit, dass ein gewisser Scheich Butti Saeed al Gandhi sich dermaßen in seine Stadt verguckte, dass er sie in die Wüste transportieren möchte. Paris habe ihn nicht interessiert – zu groß, zu bekannt. Lyon dagegen hat ihn fasziniert, die Stadt ist überschaubar; interessante Einstellung für einen Mann aus Dubai.

es nun in Dubai eine Rennfahrer-Akademie, in der »Mann« lernen kann, mit hoher Geschwindigkeit nicht im Graben zu landen. Für Rennfahrer, die derzeit noch im Kindersitz hinter Papa festgeschnallt sitzen, gibt es im Motodrom eine Gokart-Bahn. Und natürlich zeigt man sich nicht auf die Formel-1 angewiesen, um auch attraktive Profirennen auszutragen, sei es mit Tourenwagen oder Motorrädern.

Denn auch das wird im Freizeitland von übermorgen geboten werden: Sportveranstaltungen mit Teilnehmern der Spitzenklasse. Schon heute genießen beispielsweise Dubais Golfplätze einen erstklassigen Ruf, was nicht weiter verwundert, wenn man sich überlegt, wer sie entworfen hat. Für die Cracks scheint es bei internationalen Turnieren nicht mehr nur ums Gewinnen zu gehen, sondern auch darum, die Aufmerksamkeit von Dubais Regenten auf sich zu ziehen. Denn die bitten die Spitzenleute gern mal um »die Idee« für einen neuen Parcours und lassen ihnen dann freie Hand beim Gestalten. So durften sich schon Golflegenden wie Greg Norman oder Colin Montgomerie einen »eigenen« Parcours anlegen. Für die »Welt des Golfens« im Dubailand konnte man Tiger Woods gewinnen – viel Überredungskunst wird wohl nicht nötig gewesen sein.

Alles andere als »Schnee von gestern«

Die Halle war noch nicht fertiggestellt, da begann die Schneeproduktion für die bis dato größte Indoor-Skihalle der Erde. Bei 40 Grad Hitze brauchen 6000 Tonnen Schnee einfach ihre Zeit und lassen sich nicht wie im Märchen aus dem Federkissen schütteln. Schließlich sollten die 1500 ambitionierten Besucher – so viel finden gleichzeitig Platz in »Ski Dubai« – nicht vor grünen oder grauen Betonhängen stehen. Damit das auch nach der Eröffnung 2005 nicht passiert, rieseln täglich 30 Tonnen Neuschnee auf die 400 Meter lange Piste. Doch das ist Schnee von gestern. Die Zukunft schlittert, rodelt und wedelt im Snowdome von Dubailand auf einer Fläche von annähernd 18 Fußballfeldern. Da einem selbst langsam die Worte ausgehen, sei ein Zitat aus der offiziellen Ankündigung der Bauträger gestattet: »Snowdome wird ein gigantisches Hallenprojekt zum Preis von einer Milliarde US-Dollar auf dem Gelände des Mega-Tourismusprojektes Dubailand. Auf

Jeden Tag sorgt künstlicher Neuschnee für optimale Pistenverhältnisse im Emirat.

einer Fläche von 130 000 m² werden mehrere Attraktionen rund um das Thema Eis und Schnee entstehen. Snowdome wird der Erste seiner Art im Mittleren Osten sein und seinen Besuchern eine wunderbare Wintererfahrung vermitteln

können. Zum Hallenskigebiet gehören der Snowdome, Wohntürme, Hotels, ein Einkaufszentrum, Restaurants und Cafés. Der Snowdome besteht aus einer klimatisierten, durchsichtigen Stahlträgerkuppel mit 220 Meter Durchmesser und 75 Meter Höhe. Seinen Eingang markieren zwei riesige Eissäulen, im Inneren besteht er aus einer rotierenden Skipiste, Bergabfahrt, Übungspiste, Schneespielplatz, einem fliegenden Theater, einer Tobbogan-Schlittenpiste, einem Fünf-Sterne-Luxushotel in Form eines Eisberges, einem Pinguinarium, einem Schneeschloss, einer Schlittschuhbahn und mehreren Kalt- und Warmbädern. Im Schneedom wird es nur echten Schnee geben – etwa sechs Millionen Kilo!« Und jetzt stelle man sich vor, dass im gesamten Dubailand etwa 45 solcher Projekte angekündigt sind. Hatte ich die Dinosaurierwelt und das Freiluftgehege für Wildtiere erwähnt? Die virtuelle Spielewelt? Die Equestrian World? Ich bitte um Verzeihung.

Des weiteren…

… sollen mehrere Kunst- und wissenschaftliche Museen auch den kulturell interessierten Bürgern der Emirate und Touristen Anlass geben, den Weg ins Dubailand zu finden. Zu guter Letzt seien noch zwei Namen genannt, die man wahrscheinlich auch in den internationalen Medien lesen wird. Das Herz von Dubailand wird die »City of Arabia« sein, eine Mischung aus Themenpark und Wohnwelt. Angehende Touristen sollten sich den Namen Bawadi merken, höchstwahrscheinlich heißt so die Haltestelle der Monorail, die sie direkt vom Flughafen dorthin bringt, einer zehn Kilometer langen Hotelmeile mit 31 Nobelunterkünften.

Disney World hat noch Zeit bis zum Jahr 2018, dann soll Dubailand komplett fertig sein und rechnet mit 200 000 Besuchern am Tag! Ein hohes Ziel, denn in Florida sind es derzeit etwa 65 000. Aber wie heißt es im Werbeslogan: Dubai hat die Kraft der Fantasie – und die Möglichkeiten, sie wahr werden zu lassen.

ERSCHAFFUNG NEUER WELTEN: KÜNSTLICHE INSELN ENTSTEHEN AUS DEM MEER

In dem Film »Lawrence von Arabien« gibt es die Szene, in der Lawrence intensiv darüber nachdenkt, wie er die zur See hin schwer befestigte Stadt Akaba einnehmen kann. Als seine beiden Diener ihm von einer Düne herab einen Stein in den Rücken rollen lassen, hat er die Idee, sie von der ungeschützten Landseite zu nehmen. Ein gewagtes Unternehmen, denn er musste den »Amboss der Sonne« durchqueren, die Wüste Nefud. So ähnlich mag es Scheich Maktoum ergangen sein, als er darüber nachsann, wie er zwei dringende Probleme lösen konnte: Der bebaubare Boden im Emirat wurde für seine hochfliegenden Pläne langsam knapp und es gab zu wenig Strände, um dort weitere Badehotels für den Tourismus zu errichten. Bei einem Spaziergang am Meer sah er den Schatten einer Palme auf das Ufer fallen – und hatte plötzlich die Idee zu einem Projekt, das die Welt seitdem in Staunen versetzt: künstliche Inseln. Ebenfalls ein gewagtes Unternehmen, denn so etwas hatte bisher noch niemand versucht. Zunächst dachte er nur an eine Insel in Form einer Palme, doch nachdem sie binnen kurzem einen durchschlagenden Erfolg bei Bevölkerung und Investoren hatte, ließ er zunächst eine weitere, später eine dritte entwerfen – und bauen. So wie Lawrence in Akaba erfolgreich war, ist es Scheich Mohammed mit seinen Inseln, denn inzwischen sind weitere Eilande entstanden, wie etwa »The World« (im Bild), und der Arabische Golf bietet noch ausreichend Platz für weitere Eroberungen. Derzeit entsteht vor der Küste »The Universe«!

Viel Zeit zum Überlegen, welches der angebotenen luxuriösen Appartements auf der Insel sie kaufen möchten, bleibt den meisten Interessenten nicht, die neuen Wohnorte sind mehr als begehrt. Bei der ersten Palme waren die Immobilien innerhalb von 24 Stunden verkauft, sodass die angebotenen Grundstücke halbiert und der so »gewonnene« Boden nochmals verkauft werden konnte.

Das, was in Dubai aus dem Meer entsteht, fasziniert finanzkräftige Besuchergruppen aus der ganzen Welt.

Staunend begutachten Touristen das Modell von »The World« (Bild oben). Doch es gibt auch Kritiker dieser massiven Umweltveränderungen, die irreparable Schäden an Dubais Unterwasserwelt fürchten. Aber Scheich Mohammed geht seinen Weg unbeirrt weiter, scheinbar hat auch er den Film »Lawrence von Arabien« gesehen. Als dieser in einer waghalsigen Aktion sein Schicksal herausforderte, antwortete er auf die Warnungen seiner arabischen Begleiter, sein Tod sei »geschrieben«, sinngemäß: »Nichts ist geschrieben, es sei denn, man schreibt es selbst.« Der Herrscher von Dubai schreibt übrigens nicht nur Baugeschichte, sondern auch Gedichte. Eines davon wird derzeit in riesigen Buchstaben als Schutzwall um die zweite Palmeninsel herum aufgeschüttet:

»Nimm die Weisheit von den Weisen.
Es braucht einen Mann mit Visionen, um auf Wasser schreiben zu können.
Nicht jeder, der ein Pferd reitet, ist ein Jockey.
Große Männer wachsen an großen Herausforderungen.«

Der »große Mann« Dubais lässt es sich nicht nehmen, den Fortschritt seiner Projekte regelmäßig persönlich in Augenschein zu nehmen.

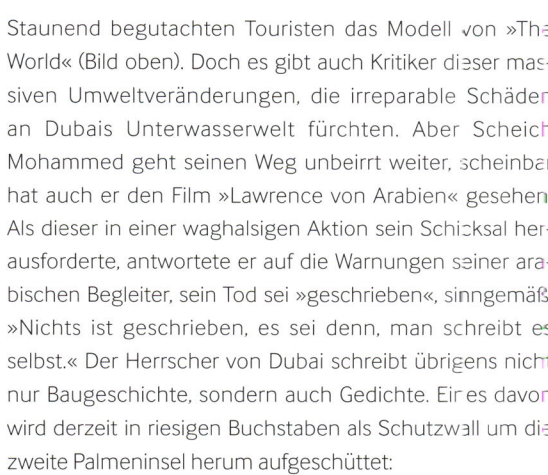

Punktgenau sprüht ein Saugbagger das vom Meeresboden gewonnene Material zu einem Inselchen zusammen. Damit sich nachher auch wirklich die Weltkarte im Meer abzeichnet, wird er per Satellit gesteuert. Das Endergebnis ist zunächst ein unscheinbares Inselchen mit stolzem Preis: Für den kleinsten der kargen Flecken sind immerhin elf Millionen Dollar zu zahlen: ohne Strom und fließend Wasser! Wie der Käufer hinkommt, ist ebenfalls sein Problem, eine öffentliche Verkehrsanbindung soll es nur zu jenen Inseln geben, auf denen ein Hotel entsteht.

»Kein Anschluss unter dieser Nummer!« Der englische Humor ist ja bekannt, auch soll es einige Exzentriker geben. Aber es sind nicht nur Spaßvögel und Exzentriker, die sich einen Teil »der Welt« kaufen, selbst wenn sie in patriotischem Anzug und Landesfahne neben einer leeren Telefonzelle posieren wie der Brite Richard Branson. Der Begründer von Virgin Records kaufte sich zwar jenen leeren Sandflecken namens »Großbritannien«, aber er engagiert sich auch seit Jahren für den Umweltschutz. Beim Leaders-in-Dubai-Business-Forum 2007 warnte er davor, dass die mühsam aufgeschütteten Inseln vor Dubai wegen des Klimawandels bald vom Meer überflutet werden könnten. Damit erwirkten er und seine Mitstreiter immerhin, dass vermehrt ökologische Gesichtspunkte bei den zukünftigen Bauvorhaben berücksichtigt werden.

Auf der vorhergehenden Doppelseite ist die dritte der Palmeninseln abgebildet, The Palm Deira. Beachtet man ihre »kleine Schwester« im Hintergrund, die Jumeirah Palme (siehe auch Bild rechts, Computeranimation), werden die Dimensionen klar, in denen hier neues Land entsteht. Allein das Baumaterial von Jumeirah umfasst ein Volumen von 100 Millionen m³ Sand und Geröll. Zu einer zwei Meter hohen und einen halben Meter breiten Mauer aufgeschichtet, würde sie gut dreimal um die Erde reichen. Die derzeit für Deira aufgeschüttete Fläche, die dann zur Bebauung verfügbar sein wird, entspräche der achtfachen Landmasse Jumeirahs und wäre damit fast so groß wie die Innenstadt von Paris. Gut 14 Kilometer wird sie in den Persischen Golf hineinragen und ihre 41 Palmwedel – Jumeirah und Jebel Ali haben »nur« 17 – auf acht Kilometer Breite ausweiten. Ursprünglich sollte die Deira Palme übrigens noch größer werden, doch wegen der zunehmenden Wassertiefe wäre der zusätzliche Aufwand für Felsunterbau, Sandgewinnung und Sandaufspülung selbst für Dubais Bauherren zu groß geworden. Aber auch so sind allein neun Baupläne erforderlich und wenn alles fertig ist, was bis zum Jahr 2015 der Fall sein soll, können etwa eine Million Menschen auf der Insel wohnen, arbeiten und natürlich Urlaub machen. Alle drei Palmeninseln zusammen werden dann eine Fläche von über 50 km² erreichen; damit wären sie 25-mal größer als Monaco.

Deutschland ist so groß wie fünf Fußballfelder und gehört seit Februar 2008 einem Österreicher! Natürlich geht es um eine der Welt-Inseln, und ob sie einmal so grün sein wird wie links im Bild, muss sich erst zeigen. Laut offizieller Preisliste wollten die Erbauer rund 21 Millionen Euro dafür haben, doch die Beteiligten haben Stillschweigen über den tatsächlichen Preis vereinbart.

SCHEICH & CO

EIN SCHEICH ALS VORSITZENDER DER DUBAI AG

Scheich Mohammed bin Rashid al Maktoum oder
einfach Scheich Mohammed, wie er von seinen
»Untertanen« kurz genannt wird, – Premierminister und Vizepräsident der Vereinigten
Arabischen Emirate, Herrscher von Dubai,
Gründer und Eigentümer der Dubai Holding
und Besitzer der größten Jacht der Welt – setzt
seine eigene Wirtschaftspolitik um, die höchst
erfolgreiche Unternehmen hervorbringt und
viele in Erstaunen versetzt.

Scheich Mohammed bin Rashid al Maktoum
Am 4. Januar 2009 feiert Scheich Mohammed sein dreijäh-
riges Jubiläum als Herrscher von Dubai. Erst drei Jahre? In
dieser Zeit hat er mehr bewegt als andere in ihrem ganzen
Leben. Sein Motto: Souveränität – Führung – Visionen
– Innovationen. Klug schaltet er in- und ausländische
Expertenteams ein, die ständig neue, milliardenschwere, oft
zunächst unmöglich erscheinende Projekte ersinnen, die
meist in kürzerer Zeit als ursprünglich geplant realisiert werden – und dabei setzt er auch Frauen in Führungspositionen
ein. Als der hochmoderne Technologiepark Internet City, eine
Vision von Scheich Mohammed aus dem Jahre 1999, eröffnet
wurde, sprachen die Medien vom e-Scheich in e-Dubai, der
natürlich auch seine eigene Website hat.

Jugend, Ausbildung und die Ernennung zum Kronprinz

Wer den Erfolg von Scheich Mohammed verstehen will, muss sich mit seinem Lebenslauf beschäftigen: Die Vita des Herrschers, der 1949 in Shindagha geboren wurde, wird anschaulich im heute als Polizei-Museum zugänglichen Naif Fort im Zentrum des Stadtteils Deira dargestellt, das 1939 auf Anweisung von Scheich Rashid bin Saeed al Maktoum, dem Vater von Scheich Mohammed, erbaut wurde. Dort gibt es außer Informationen zur Dubai Police und deren Gründung im Jahr 1956 durch Scheich Rashid auch den mit Schwarz-Weiß-Fotos illustrierten Werdegang von Scheich Mohammed zu sehen: Nach Schulbesuchen der Al-Ahmadiya und Al-Shaab School sowie der Dubai Secondary School wurde er 1968 im Alter von 19 Jahren Chef der Dubai Police und Public Security. Es ist typisch für ihn, dass er in dieser Position sofort etwas Innovatives umsetzte und Satellitenkommunikation einführte.

Nach Absolvierung seines Studiums in England wurde er nach Gründung der Vereinigten Arabischen Emirate im Jahr 1971 der erste Verteidigungsminister seines Landes. Den Titel Generalmajor der Streitkräfte bekam er fünf Jahre später. 1993 wurde er General und im Jahr 1995 Kronprinz von Dubai. Den ersten Ehrendoktortitel erhielt er von der deutschen Fernuniversität Hagen in Kultureller Bildung, Wirtschaft, Politik, Sport und Gesellschaftswissenschaften im Jahr 1998, im gleichen Jahr den zweiten von der Savoc-Universität in Boston in Betriebswirtschaft. Dieser Werdegang ist Basis für seinen heute von vielen so geschätzten Weitblick und seine Führungsqualitäten.

Der Gründer von Wirtschaftsimperien

Von seinem Vater hatte er es gelernt: »Baut und sie werden kommen.« Den Grundstein für den Erfolg Dubais legte schon Scheich Rashid mit seinem Geschäftssinn. Der Sohn realisiert seine Visionen und Projekte in atemberaubender Geschwindigkeit. Bedenkenträger duldet er nicht.

Die Gründung von Firmen zahlloser Branchen begann 1997 mit der Jumeirah Group, einer internationalen Hotelkette im Besitz der Herrscherfamilie. Unternehmen aus den Bereichen Hochtechnologie, Kommunikation, Bildung, Finanzen, Immobilien, Gesundheit, Freizeit und Unterhaltung, Industrieproduktion, Biotechnologie, Energie, Telekommunikation und Raumfahrt folgten und nahmen ihre Arbeit auf. Vor allem im Wirtschaftszweig Tourismus wurden unübersehbare Zeichen gesetzt:

Die Basis für den märchenhaften Erfolg Dubais legte schon Scheich Rashid. Sein Sohn hat von ihm gelernt, entwickelt Visionen und realisiert seine Projekte in rascher Folge. Immer höher ragen mittlerweile die Wolkenkratzer, deren Modelle schon beeindruckend sind (siehe Bild), in den Himmel Dubais.

Im Jahr 1999 öffnete das zur Jumeirah Group gehörende Nobelhotel Burj al Arab, das mittlerweile zu einem Wahrzeichen des Emirats geworden ist. Seit dem Jahr 2000 sind zahlreiche weitere Unternehmen aus den Bereichen Finanzdienstleistungen und Projektentwicklung gegründet worden: Zu ihnen zählen unter anderem die Dubai Group, die ihrerseits zur staatlichen Dubai Holding gehört. Dahinter verbirgt sich ein Firmen- und Investment-Konglomerat, hinter dem wiederum die Herrscherfamilie Dubais steht. Die Dubai Group ist in sieben Wirtschaftsbereiche gegliedert und investiert weltweit.

Im Jahr 2005 wurde das Unternehmen Tatweer gegründet, ebenfalls ein Mitglied der Dubai Holding. Es gilt als eine der dynamischsten Firmengruppen in der Region. Zu den Projekten von Tatweer zählen unter anderem die Entwicklung von Freizeitparks und Sportanlagen sowie die Gründung von Projekten aus dem Gesundheitswesen. All dies ist lediglich ein kleiner Ausschnitt aus der Liste der Firmen und Projekte der letzten Jahre. Sie alle verfolgen den Zweck, das Emirat am Persischen Golf in vielen Bereichen und in kürzester Zeit an die Weltspitze zu katapultieren – und die Visionen des Scheichs in praktisches Handeln umzusetzen.

Kritiker geben allerdings zu bedenken, dass viele Investitionen über Kredite finanziert werden – während das mit großem Abstand reichste Emirat Abu Dhabi seine Zukunftsvisionen solide finanziert. Dubais Megabauten entstehen mit von den Banken geliehenem Geld – abgesichert über andere Immobilien, die ebenso finanziert wurden. So könnte Scheich Mohammed womöglich eines Tages in die prekäre Lage geraten, beim Herrscher des reichen Nachbaremirats um eine Finanzspritze bitten zu müssen.

Wer den Weg von Scheich Mohammed verfolgt, der gleich bei seinem Amtsantritt als Herrscher von Dubai sein Buch mit dem Titel »Meine Vision« (in Arabisch) veröffentlichte – in jeder Buchhandlung Dubais auf dem Bestsellertisch erhältlich –, stellt sich vielleicht eine Mischung aus Napoleon und Bill Gates vor. Tatsache ist aber, dass er in tiefster Seele den beduinischen Traditionen verhaftet ist. Er weilt gern in der Wüste, geht dem geliebten, traditionellen Pferde- und Falkensport nach. Zudem beherrscht er die Kunst des Dichtens, wie seine Reden mit ruhiger, eher leiser und bedächtiger Stimme, gespickt mit Aphorismen, zeigen.

Das Familienoberhaupt

Scheich Mohammed versteht es geschickt, die Mitglieder der großen Herrscherfamilie al Maktoum in Schlüsselpositionen von Politik, Wirtschaft und Kultur zu positionieren. Sein jüngerer Bruder Scheich Ahmed bin

Rashid al Maktoum engagiert sich für die öffentlichkeitswirksamen Sportveranstaltungen, wie den Dubai World Cup, Höhepunkt des seit 1997 durchgeführten, jährlichen Dubai Shopping Festivals, bei dem Millionen Besucher aus aller Welt für einen Ausnahmezustand im Emirat sorgen. Der vier Jahre ältere Bruder Scheich Hamdan bin Rashid al Maktoum hat unter anderem das Dubai World Trade Centre gegründet.

Geschickt und medienwirksam wird der eigene Nachwuchs in das riesige »Familienunternehmen« integriert: Scheich Mohammed hat 15 Kinder von seiner ersten Frau Hind bint Maktoum bin Juma al Maktoum, mit der er seit 1979 verheiratet ist. Sein zweitältester Sohn Scheich Hamdan wurde im Februar 2008 Kronprinz von Dubai. Er ist Vorstand des Mohammed bin Rashid Establishment for Young Business Leaders, der Bank von Dubai, Präsident des Dubai Executive Council und des Sportsrats. Ebenfalls im Februar 2008 hat Scheich Mohammed seinen drittältesten Sohn Scheich Maktoum zu seinem zweiten Stellvertreter als Herrscher von Dubai ernannt.

Auch die Töchter sind im »Familienunternehmen« aktiv und in den Medien präsent, was in der Arabischen Welt alles andere als selbstverständlich ist: Tochter Scheicha Maitha gewinnt Medaillen in Karate und bekam Ende 2007 den angesehenen Internationalen Sport Fair Play Preis. Sie war Olympiateilnehmerin 2008 in Beijing. Eine weitere Tochter von Scheich Mohammed ist Scheicha Manal. Sie hat einen Magister in Marketing von der American University in Dubai und engagiert sich unter anderem als Präsidentin des Dubai Women Establishment für die Belange der emiratischen Frauen: Sie übernimmt für viele Projekte die Patenschaft, zum Beispiel für das Complete Women Program, das sich aktiv um eine stärkere Rolle der Frau in der Gesellschaft bemüht. Zudem ist sie die Schirmherrin der alle zwei Jahre im März stattfindenden internationalen Women as Global Leaders Conference in Dubai.

Meist sind die Ehefrauen der Herrscher arabischer Staaten ein absolutes Tabuthema. Das gilt nicht in Dubai. Als am 2. Dezember 2007, dem Nationalfeiertag der Emirate, Prinzessin Haya bint Al Hussain, Tochter des verstorbenen König Hussein von Jordanien und Zweitfrau von Scheich Mohammed in Dubai eine gesunde Tochter zur Welt brachte, gab es Schlagzeilen in der nationalen Presse. Über die Geburt wurde ausführlich berichtet, sogar Fotos des stolzen Vaters Scheich Mohammed mit dem Baby auf dem Arm beim Verlassen des Krankenhauses wurden veröffentlicht – ungewöhnlich, betrachtet man die Darstellung des herrschaftlichen Privatlebens in anderen Golfstaaten. Das Töchterchen ist das erste gemeinsame Kind des Paares. Prinzessin Haya ist unter

Scheich Mohammed auf Staatsbesuch

Bei seinem ersten Staatsbesuch in Berlin 2008 absolvierte Scheich Mohammed auf Einladung von Bundeskanzlerin Angela Merkel ein umfangreiches Programm, das aus politischen Gesprächen, kulturellen Veranstaltungen und Treffen mit den Spitzen der deutschen Wirtschaft bestand. Im Islamischen Museum genoss er den kulturellen Dialog mit Intellektuellen und Literaten und war angetan von deutsch- und arabischsprachigen Gedichtvorträgen, die von arabischer Musik begleitet wurden. In seiner

Ansprache betonte er, dass ihm das Treffen mit Gelehrten und Literaten wichtiger sei als die Treffen mit Politikern. Nachdem ihm vom Präsidenten der FU Berlin für seine Stiftung die »Ehrenmedaille in Gold der Freien Universität Berlin« überreicht wurde, überraschte er das Auditorium nicht etwa mit Informationen zur Stiftung, sondern mit einem Rückblick auf das harte Leben in den Emiraten vor einem halben Jahrhundert, in dem es um den täglichen Überlebenskampf um Wasser für Mensch und Tier in der Wüste ging. »Das war damals unsere größte Herausforderung und heute können wir stolz sein auf Errungenschaften, wie zum Beispiel den Hafen Jebel Ali, den größten der Region, Emirates Airlines und den Bau neuer Städte – geschaffen mit dem Talent und Management unserer Bevölkerung.« Und wenn man die Entwicklung der Emirate verfolgt, dann kann man sich durchaus mit der »Majlis-Demokratie« des Landes anfreunden, »in der Berater die Bürger den Regierenden näherbringen und dadurch einen direkten Austausch von Herrscher und Bevölkerung ohne protokollarische Barrieren ermöglichen« – eine bewährte Tradition in den Emiraten. Die Rede unterschied sich deutlich von den Reden westlicher Politiker: Die Kunst des Führens wurde angesprochen – »das einzigartige Verhältnis zwischen der Führung und dem Volk in den Emiraten ist das Geheimnis unserer Errungenschaften«. Von ständiger Vorsicht und nimmermüdem Elan handelte einer seiner Lieblingsaphorismen: »In Afrika wacht jeden Morgen eine Gazelle auf und weiß, dass sie schneller laufen muss als der Löwe, sonst ist ihr der Tod sicher. Genau so wacht jeden Morgen der Löwe auf und weiß, dass er schneller sein muss als die langsamste Gazelle, um nicht zu verhungern. Es ist egal, ob du Löwe oder Gazelle bist, bei Sonnenaufgang musst du mit höchster Geschwindigkeit laufen.« Das Streben nach »immer mehr, immer höher, immer besser, immer extravaganter« hat sich Scheich Mohammed auf die Fahnen geschrieben: »Im Wettbewerb der Besonderheiten gibt es keine Deadline.«

Mit persönlichen Initiativen investiert Scheich Mohammed unter anderem in Bildung und Wissenschaft, um nachfolgenden Generationen ein wichtiges, zukunftsfähiges Fundament für die weitere Entwicklung der Region zu geben.

anderem Ehrenpräsidentin des nach ihr benannten Cultural & Islamic Center, setzt sich öffentlichkeitswirksam für Frauenthemen ein. Sie ist Schirmherrin entsprechender Veranstaltungen, wie zum Beispiel The New Arab Woman Forum in Dubai, wo sie unter starker Medienresonanz die Eröffnungsreden hält.

Der Stifter

Scheich Mohammed ist bekannt für die inzwischen 13 von ihm initiierten Preise, die er seit 1994 jährlich stiftet. Dabei geht es immer um die Förderung von besonderen Begabungen aus allen Bereichen, von Journalismus über Wirtschaft, Umweltschutz, Wissenschaft, Verwaltung bis hin zur Unterstützung von Jugendprojekten. Nicht nur dauerhafte Geberlaune zeichnet ihn aus, auch für spontane Großzügigkeit ist er bekannt: Nach den heftigen Regenfällen Anfang 2008, die ganze Landstriche unter Wasser setzten und gewaltige Schäden an den Lehmhäusern kleiner Dörfer verursachten, entschied er im Anschluss an eine ausgedehnte Inspektionsreise, dass nicht nur das Staatsbudget für Soziale Förderung verdoppelt wird, sondern in den betroffenen Gebieten 40 000 Häuser im Wert von fünf Milliarden US-Dollar gebaut und an die dort lebenden Staatsbürger der Emirate verschenkt werden sollen.

Dass Scheich Mohammed dem Bildungssektor große Bedeutung beimisst, zeigt seine Gründung der größten Stiftung für Bildung und Wissenschaft in der Region: die Mohammed bin Rashid al Maktoum-Stiftung, ausgestattet mit einem unglaublichen Stiftungskapital von über sieben Milliarden Euro, einem beträchtlichen Teil des Privatvermögens von Scheich Mohammed. Ziel der 2007 gegründeten Einrichtung ist es, in Bildungsmöglichkeiten, dafür notwendige Infrastruktur und Wissensentwicklung in der Region zu investieren. Der Herrscher von Dubai will diese Stiftung als persönliche Initiative verstanden wissen, um eine wissensbasierte Gesellschaft aufzubauen: »Es geht einerseits um Forschung, Bildung und Chancengleichheit für den Erfolg unserer Jugend und andererseits um die Förderung der Intellektuellen im Land.« Aufgaben der Stiftung sind die Einrichtung von Forschungszentren, Management einer Vielzahl von hoch qualifizierten Forschungsprogrammen, Vergabe von Stipendien, um Studenten den Besuch führender Universitäten zu ermöglichen, Finanzierung von Forschungsprojekten an Universitäten in den Emiraten und Führungsprogramme für den Nachwuchs in Regierungsämtern, der Privatwirtschaft und Nichtregierungsorganisationen. Diese Aktivitäten erfolgen vor dem Hintergrund, dass die Hälfte der Emiratis unter 20 Jahre alt ist und sie in die Lage versetzt werden sollen, den Anforderungen der Zukunft gerecht zu werden.

Zudem ist es der Wunsch, lange verlorenes Terrain bei Bildung und Wissenschaft in der Arabischen Welt zurückzugewinnen und zur westlichen Welt aufzuschließen sowie die Jugend nicht zur Beute fundamentalistischer Organisationen werden zu lassen – getreu einem der vielen von ihm stammenden Aphorismen: »Der Bleistift und das Wissen sind stärker als jede andere Macht.« Mit dieser Stiftung hat er sich ein Denkmal zu Lebzeiten errichtet.

Der Kulturmäzen

Die im März 2008 gegründete Kultur- und Kunstbehörde Dubai (Dubai Culture and Arts Authority) ist für die Schaffung eines vielseitigen Umfelds für das Kulturerbe der Emirate, die bildenden Künste, Theater, Musik, Literatur und Dichtkunst verantwortlich. Dies soll dazu beitragen, Dubai zu einer dynamischen, arabischen Weltstadt für die Künste zu machen. Die Behörde wurde auf Anordnung von Scheich Mohammed ins Leben gerufen und wird von seinem Sohn Scheich Majid geleitet. Kurze Zeit später verkündete Scheich Mohammed seine Planung zum Dubai Creek Cultural Project, auch Khor Dubai Project genannt. Damit soll Dubai auch als Drehscheibe für Kunst und Kultur etabliert werden und den Dialog zwischen den Zivilisationen der Welt fördern. Insgesamt sind am Dubai Creek auf 20 Kilometern Länge – beginnend im traditionellen Shindagha-Viertel an der Mündung des Creeks bis zur Business Bay, Dubais neuestem Handelsdistrikt, – 72 neue Kultureinrichtungen geplant, darunter zehn Museen, neun öffentliche Bibliotheken für Dichtung und Musik, 13 Theater und ein Opernhaus. Auch dieses Projekt ist Teil des Dubai Strategic Plans 2015.

Nachdem das Emirat Abu Dhabi, das mit Abstand größte und reichste der sieben Emirate sich für seine Museumsprojekte im Kulturdistrikt der Insel Saadiyat bereits die Kooperation mit dem Louvre und dem Guggenheim Museum gesichert hat, besann sich Dubai auf Museen in Deutschland: 2008 gab die Kultur- und Kunstbehörde die geplante Kooperation mit den Staatlichen Museen zu Berlin, den Bayerischen Staatsgemäldesammlungen in München und den Staatlichen Kunstsammlungen Dresden für das »Universalmuseen«-Projekt von Scheich Mohammed bekannt. Damit soll eine weitere Vision von Scheich Mohammed wahr werden, Dubai zu einer dynamischen Weltstadt und zum Anziehungspunkt der größten Kunst- und Kulturgüter der Welt zu machen.

DUBAI KIDS: DIE KINDER DER SCHEICHS

»Die Familie ist die Basis der Gesellschaft«, bekräftigte schon Scheich Zayed, erster Präsident der Emirate, »und wir tragen die Verantwortung dafür, Kindheit und Mutterschaft zu schützen.« In Arabien ist es nach wie vor undenkbar, dass eine Familie keine Kinder hat. Während deutsche Familien im Durchschnitt nicht einmal zwei Kinder haben, sind es in Dubai mindestens vier. »Verwöhne deinen Sohn sieben Jahre, diszipliniere ihn sieben Jahre und sei sein Freund für sieben Jahre«, lautet ein altes arabisches Sprichwort, und trotz gesellschaftlicher Veränderungen folgt die Erziehung nach wie vor traditionellen Werten. Zu Beginn ihres Erdendaseins genießen Jungen — und auch Mädchen — so ziemlich alle Freiheiten, und Dubais Wohlstand sorgt dafür, dass es ihnen, bescheiden ausgedrückt, an nichts mangelt. An religiösen Feiertagen ist es üblich, sie neu einzukleiden und mit Geschenken zu überhäufen. Doch von Kindesbeinen an werden ihnen auch die grundlegenden Werte der Gesellschaft vermittelt, zu denen angemessenes, respektvolles Verhalten gegenüber Eltern, ihren Gästen und der älteren Generation gehören.

»a thaani insha allah walad — So Gott will, wird das nächste (Kind) ein Junge«, versucht man einen Vater aufzumuntern, wenn sich dieser enttäuscht über die Geburt eines Mädchens zeigt. Doch Scheich Mohammed schien im Gegenteil sehr glücklich zu sein über seine Tochter Scheicha Al Jalila bint Mohammed bin Rashid al Maktoum, geboren am 2. Dezember 2007, zufällig dem 36. Unabhängigkeitstag der Vereinigten Arabischen Emirate. »Al Jalila« bedeutet übrigens »die Majestätische«.

Arabische Männer sind durchaus liebevolle Väter, doch auch sie greifen manchmal zu etwas unorthodoxen Erziehungsmethoden. So erzählt mir mein Freund Yusuf, wie er als kleiner Junge von seinem Vater aufgefordert wurde, anwesenden Gästen den traditionellen Kaffee zu servieren. Er holte also Kaffeekanne und die kleinen Tässchen, ging reihum und servierte. Ihm fiel zwar das seltsame Lächeln in den Gesichtern der Männer auf, aber keiner sagte etwas. Als er seinem Vater, wie es sich gehörte, als Letztem das gefüllte Schälchen reichte, nahm dieser es entgegen – und schüttete ihm den Inhalt quer auf die weiße Dishdasha: Yusuf hielt die Kaffeekanne in der rechten Hand und reichte die Schälchen mit der – als unrein geltenden – Linken. Danach hat er es jedenfalls nicht mehr verwechselt.

Wenn ihre Söhne sechs oder sieben Jahre alt sind, beginnen die Väter langsam mit der Einführung in die Welt der Erwachsenen. Sie nehmen sie mit in die Moschee, so wie Dubais Herrscher, Scheich Mohammed (Bild rechts, vorne rechts), oder führen sie in die alten Traditionen, zum Beispiel die Falkenjagd, ein, wie es Mohammeds Großvater, Scheich Saeed (Bild auf der linken Seite) mit seinem Neffen tat. Vor allem Dubais Herrschersöhne lernen früh, Verantwortung zu übernehmen, so bekleidete Scheich Mohammed bereits im Alter von 27 Jahren das Amt des Verteidigungsministers der Emirate.

Von Kindesbeinen an bekommt Dubais Nachwuchs traditionelle und religiöse Werte vermittelt. Dazu gehört für die Jungen, dass sie ihre Väter regelmäßig in die Moschee begleiten.

Natürlich steht den Söhnen und Töchtern der Scheichs heute unendlich viel mehr technisches Spielzeug aller Art zur Verfügung als noch vor 30 Jahren. Doch bevor sie sich als Jugendliche auf Wüstenmotorräder oder Jetskis setzen, spielen sie die gleichen Spiele wie damals, und die unterscheiden sich oft nur durch den arabischen Namen von den Kinderspielen rund um die Erde. Bei »Al Sabba« etwa wird ein Quadrat mit einem Kreuz darin in den Sand gezeichnet, die beiden Gegenspieler erhalten drei Steine und müssen versuchen, sie entlang der Eckpunkte in eine Reihe zu legen. Klingt bekannt? Genau, es entspricht in etwa unserem »Mühle«. Fangen, Sackhüpfen, Völkerball, all das spielen auch die ABC-Schützen an Dubais Schulen, und die Gassen der Altstadtviertel eignen sich ideal zum Versteckspielen. Nur bei Spielzeugautos mögen sich die Jungs nicht mehr mit selbst gebastelten Vehikeln aus Strandgut begnügen, da ist dann doch das ferngesteuerte rote Rennauto begehrter. Wenn der Herr Vater es zulässt, gibt es auch schon mal ein Kleinstmotorrad mit Stützrädern oder einen Kinder-Ferrari. Beide mit echtem Benzinmotor, aber erheblich weniger PS! Ansonsten erfreuen sich Dubais Kinder an den gleichen Vergnügungen wie ihre westlichen Altersgenossen, sei es Minigolf, Baden, einem Spaziergang mit den Eltern im Park – oder Schach. Die Besten von ihnen nehmen an den asiatischen Jugendmeisterschaften teil, die traditionsgemäß vom Präsidenten der Internationalen Schachföderation (links im Bild im Anzug Kirsan Ilyumzhinov) eröffnet werden.

Wasser in allen Variationen: Hoch über den Dächern von Dubai im Pool zu plantschen ist nur eine von vielen Freizeitmöglichkeiten, die Dubais Kindern heute zur Verfügung stehen. Früher war Wasser ein seltenes Gut, heute können Kinder in Dubai zwischen Schlittschuhlaufen, Schneemannbauen und Wasserski wählen. Oder sie besuchen einen der aufwendig gestalteten Wasserparks im Stadtteil Jumeirah oder demnächst im Dubailand.

Mädchen und Frauen stehen in Dubai alle Ausbildungsmöglichkeiten offen, von der Grundschule über Berufsschulen bis hin zur Universität. Im Durchschnitt beenden sie ihr Studium besser als ihre männlichen Kommilitonen.

Es ist schon ein lustiges Bild, wenn so ein arabischer Dreikäsehoch mit seinem riesigen Schulranzen daherkommt und man von hinten nur seine Kopfbedeckung und die in Fußballschuhen endenden Ringelsocken sieht. In gewisser Weise hatten es die Kinder von früher da schon einfacher, denn schwere Ranzen hatten sie nicht zu schleppen, es gab keine Schulbücher. Die Jungen und Mädchen wurden zunächst gemeinsam unterrichtet, man traf sich im Schatten der Moschee, hockte im Kreis um den Lehrer und lernte neben dem Koran Schreiben und Rechnen. Das Schreibgerät stellte der Lehrer: das ausgebleichte Schulterblatt eines Kamels, geschrieben wurde mit abwaschbarer Tinte aus Pflanzensäften! Ab dem Alter von sieben Jahren fand getrennter Unterricht statt, die Mädchenklassen bekamen eine Lehrerin. Ab den 1920er Jahren gab es die ersten Schulgebäude, finanziert von wohlhabenden Perlenhändlern, die auch nach Einführung einer Schulgebühr dafür sorgten, dass Kinder ärmerer Familien zumindest Lesen und Schreiben lernen konnten. Ein Gebäude aus dieser Zeit, in dem noch der Vater von Scheich Mohammed unterrichtet wurde, ist heute als Schulmuseum erhalten. Erst 1953 gab es in Dubai eine Schule nach europäischem Muster, trotzdem waren noch 20 Jahre später fast 50 Prozent der emiratischen Bevölkerung Analphabeten. Heute sorgt der Staat für ein umfangreiches Bildungsangebot. Dazu gehören neben Koranschulen ein modernes Schulsystem nach englischem Vorbild und internationale Schulen, die allerdings vornehmlich von ausländischen Kindern besucht werden. Nach Schulabschluss besuchen sie mit den Einheimischen entweder die Universitäten und Berufsschulen der Emirate oder gehen ins Ausland.

KEINE FUNDAMENTALKRITIK: AUTOKRATIE AUF ARABISCH

Scheich Mohammed al Maktoum ist ein Autokrat. Von Demokratie nach westlichem Vorbild hält er nicht viel, stattdessen besteht er auf dem Erhalt vieler alter Sitten. Die Diskussion um den Mangel an Volksherrschaft in der arabischen Welt läuft vor allem in Europa ab, wo man findet, Demokratie gehöre ganz einfach zum 21. Jahrhundert. Wird der Druck von außen zu stark, wie beispielsweise bei der Debatte um die elenden Lebensbedingungen der Bauarbeiter in Dubai, gibt der Scheich geschickt nach und willigt in die Verbesserung ein. Auch beim Immobilienerwerb durch Ausländer zeigte er sich fortschrittlich. Aber als Herrscher, als Vorstand einer Familie, die seit über 170 Jahren an der Macht ist und als Vater zukünftiger Regenten klammert er sich fest an die Autokratie. Kritik am Scheich oder der Wunsch nach Mitbestimmung wird allenfalls hinter vorgehaltener Hand geäußert.

Familie
Die Familie ist nicht nur die Keimzelle der emiratischen Gesellschaft, sondern bestimmt Macht, Ansehen, Karriere. Nur wer aus einer angesehenen Familie stammt, kann es in den Emiraten zu etwas bringen (im Bild auf der rechten Seite eine Araberin mit traditioneller Gesichtsmaske).

Emirat in einer Föderation

Um die gesellschaftliche und politische Realität in Dubai verstehen zu können, lohnt ein Blick auf die Staatsstruktur: Dubai ist ein Emirat innerhalb der Föderation Vereinigte Arabische Emirate (VAE). Deren höchstes Verfassungsorgan ist der aus den Herrschern der sieben Emirate bestehende Oberste Rat. Er setzt sich aus 52 Angehörigen der großen Familien und Stämme zusammen. Ihre Zuständigkeit erstreckt sich auf Außenpolitik, Verteidigung, Geheimdienste und die Ausländerrechte. Bestimmende Faktoren der Innenpolitik sind herrschende Familien und einflussreiche Kaufleute. Dubai ist nach Abu Dhabi das zweitgrößte Emirat. Traditionell ist der Herrscher Dubais auch Vize- und Ministerpräsident der VAE. Das Kabinett des Landes besteht aus 24 Ministern inklusive des Präsidenten und seines Vertreters. Die Legislative bildet der Nationale Bundesrat (Federal National Council, FNC). 2006 wurden erstmals Wahlen für die Hälfte des FNC abgehalten. Die

Dubai ist Teil der Vereinigten Arabischen Emirate. Mitbestimmung und demokratische Strukturen, wie man sie in westlichen Staaten kennt, gibt es am Persischen Golf nicht – auch wenn Politik und Gesellschaft in Dubai sich in einem Prozess des Wandels befinden.

übrigen 20 Abgeordneten wurden wie bisher von den sieben Emiratsherrschern ernannt. Der FNC hat ein gewisses Mitspracherecht bei der Gesetzgebung. Faktisch können Scheich Mohammed und der Präsident der VAE sämtliche Entscheidungen des FNC blockieren. Parteien und Gewerkschaften gibt es in den VAE nicht – ebenso wie Meinungsfreiheit. Die Rechtsprechung ist ungleich härter als im Westen und willkürlich. Auf Drogenbesitz, egal welcher Menge, steht eine Mindeststrafe von vier Jahren, Homosexualität wird unter anderem mit Haft geahndet.

Wie sieht Dubais gesellschaftliche Realität aus?

Politische Strukturen sind das eine, gesellschaftliche Realitäten das andere: Gibt es zum Beispiel Milieus, aus deren Mitte der Ruf nach politischer Mitbestimmung laut wird? Lassen wir die Betroffenen zu Wort kommen: »Wenn ich morgens aufwache, kann es sein, dass ich meine Stadt nicht wiedererkenne«, sagt Arwa. Arwa ist

Dubaierin und lebt und arbeitet im Emirat. Wie ihr geht es vielen Einheimischen. Der Baurhythmus im Stadtstaat Dubai ist so schnell, dass ihm kaum jemand folgen kann. 14 Megaprojekte werden gerade errichtet oder sind fix und fertig geplant, und viele weitere verwandeln das Gesicht von Dubai immer mehr zu der modernen, gigantischen Drehscheibe zwischen Okzident und Fernost, die der Herrscher des Emirats anstrebt.

Arwa ist 35 Jahre alt und nicht verheiratet. Damit ist sie eine völlig untypische Frau in Dubai. »In den meisten anderen Belangen bin ich aber konventionell«, meint Arwa fast entschuldigend. So hat sie wie viele Emirati in Kairo studiert, ist dann nach Dubai heimgekehrt, hat einen Job als Büromanagerin angenommen und lebt bei ihren Eltern. »Das fällt mir schwer, nachdem ich selbstständig war. Hier geht es nicht anders«, sagt sie lakonisch.

Arwas Familie scheint klassisch traditionell und gleichzeitig geheimnisumwittert zu sein. Arwa hat fünf Ge-schwister, ihr Vater ist gelähmt und kann nicht mehr sprechen, ihre Mutter trägt die »Maske«, wenn sie ausgeht. Alle Geschwister Arwas sind verheiratet, außer ihrem jüngsten Bruder Ahmed. Und da beginnen auch schon die Rätsel. Ahmed sieht arabisch, aber auch asiatisch aus. Es wird gemunkelt, dass er das Produkt einer Liebelei eines adligen Dubaiers und einer philippinischen Hausangestellten sei. »Offen ausgesprochen wird das nicht, und Scheich Mo hat von meinen Eltern verlangt, dass sie Ahmed adoptierten«, erklärt Arwa. Ihre Eltern seien mit dem Herrscher Dubais, Scheich Mohammed al Maktoum oder – wie er auch genannt wird, Scheich Mo –, verwandt und könnten ihm Wünsche nicht abschlagen.

Ein Geflecht von Abhängigkeiten

»Was heißt hier verwandt«, meint ein Dubaier Anwalt hingegen spöttisch. Bis vor kurzem habe es in den Emiraten eine Art Leibeigenschaft gegeben. Die Leibeigenen entstammten zumeist illegalen Liebesverhältnissen, der Sklaverei oder uneingelösten Versprechen. Arwas Eltern seien eben solche »Leibeigene«, meint der Anwalt. Die Herrscherfamilie habe sie vor vielen Jahren miteinander verkuppelt und ihnen so ein »normales« Familienleben ermöglicht. Aus schierer Dankbarkeit würden sie niemals Protest gegen den einfach zu erfüllenden Adoptionsbefehl erheben. Außerdem würden Arwas Eltern bei der Erziehung von Ahmed finanziell unterstützt.

Durchschnittliche Dubaier reden über ehemalige Verhältnisse, also über »früher«, lieber in romantisierender Form. Sie schwärmen von der ehemaligen Unverdorbenheit des Emirats, doch die Wahrheit ist nüchterner. Bis 1930 wurde unter schlimmen Umständen nach Perlen getaucht. Die Armut war immens, die Hitze brütend, das Trinkwasser knapp, und die Perlen lagen tief.

Bereits damals gab es eine unantastbare Hierarchie in Dubai. Sie unterschied sich von der in Europa, wo die »besseren« Leute anders als das »einfache« Volk wohnten, aßen und sprachen. 1833 hatte in Dubai die Herrschaft der Familie al Maktoum begonnen. Ihre Scheichs lebten jedoch fast so einfach wie ihre Untergebenen und ihre Sklaven. Bis heute kann man die »Sommervilla« des Vaters des jetzigen Herrschers besichtigen. In dem winzigen Häuschen saß Scheich Rashid damals am Boden und beriet sich mit den führenden Köpfen scheinbar von gleich zu gleich.

War das Gleichberechtigung? War Scheich Rashid ein Demokrat, weil »jeder« kommen konnte, und er »jedem« zuhörte? »Nein«, sagt der Anwalt. »Alle Einheimischen wussten genau, was sie durften und was nicht. Niemand brach die wichtigen Regeln.« Ein Sklave wäre nie zu Scheich Rashid gekommen, eine Frau hätte sich nicht ins Gespräch von Männern eingemischt. Außerdem habe es in Dubai nie einen Thron gegeben, auf dem der Herrscher hätte sitzen können. »Früher hatten wir nicht einmal Stühle«, brüllt der Anwalt lachend.

»Manche der alten Regeln haben wir überwunden. Andere, noch geltende, umgehen wir elegant«, sagt Arwa. In den Augen der Einheimischen sei es eigentlich ein Skandal, dass sie nicht verheiratet sei. Aber die emiratische Gesellschaft akzeptiere ihre Ehelosigkeit, weil sie studiert habe, bei den alten Eltern wohne und nach außen hin wie eine Nonne lebe. Doch Arwa führt ein Doppelleben. Sie hat einen Freund, den sie regelmäßig trifft. In einer hübschen Mietwohnung teilen die beiden Tisch und Bett. »Das geht, weil wir es heimlich tun, den Hausmeister bestechen und kein Emirati von der Affäre weiß.« Das offene Zeigen einer sexuellen außerehelichen Beziehung wäre hingegen ein Affront. »Dafür ist unsere Gesellschaft nicht reif«, sagt Arwa. Recht hat sie.

Fein dosierte Machtdemonstrationen

In Europa bewundert man Dubai für seine »Weltoffenheit«. Und noch mehr dafür, dass es trotz dieser seine Identität als islamischer Staat behalten hat, kurz, dass es offenbar den schwierigen Spagat zwischen Orient und Okzident schafft. »Das ist mehr Schein als Sein«, kommentiert der Anwalt jedoch zynisch. In Dubai gebe es beispielsweise ein tolles Nachtleben, aber dieses habe auch eine Schattenseite, nämlich die Prostitution. Hunderte von Frauen aus Asien, Afrika und Osteuropa arbeiteten im streng verbotenen Rotlichtmilieu. Manche könnten nicht anders, andere wollten so schnell wie möglich Geld verdienen. »Nach außen hin streitet unser Herrscher die Existenz der Hurerei ab, aber er weiß um sie«, erklärt der Anwalt. Scheich Mo wisse, dass das Rotlichtmilieu ein wichtiger Bestandteil des Erfolges von Dubai sei. Gleichzeitig wolle er beweisen, dass er bestimmte

und würde deshalb ab und an ohne Ankündigung sämtliche Bars schließen lassen. »Im Fastenmonat Ramadan wird außerdem Frömmigkeit zelebriert.« Geschäfte, Bars und Clubs müssten dann früher oder ganz zumachen, Musik dürfe nur noch leise gehört werden. Das scheine wie Schikane, sei aber einfach kalkuliertes Machtgebaren, sagt der Anwalt.

»Für mich sind sowohl die Toleranz der angeblich westlichen Freiheiten als auch die Manifestation muslimischer Frömmigkeit absurd«, moniert hingegen Arwa. Lange hat sie nach einem Ersatz für ihre spirituellen Bedürfnisse geforscht. Schließlich fand sie ihn in Indien. Regelmäßig besucht Arwa dort einen Ashram und nimmt Privatunterricht bei einem Guru. »Meine verheirateten Schwestern kommen manchmal mit«, sagt Arwa. Ihr eigentliches Ziel sei jedoch, ihre Mutter mitzunehmen. »Die ist eine traditionelle Dubaierin und tolle Mutter und hat es am meisten verdient, die wahren Werte des Lebens und des Himmels zu erfahren«, sagt Arwa. Doch die Reisen nach Indien bleiben geheim. »Es ist einfacher, wenn wir als gläubige Muslime auftreten«, sagt Arwa.

Auslandsbesuch
Scheich Mohammed ist ein Kosmopolit und weiß sich überall und immer richtig zu benehmen. Als Pferdefan kommt er regelmäßig nach Ascot. Dort trägt er einen Frack – mit gleicher Gelassenheit wie daheim die »Dishdasha«.

Geldregen erleichtert das Stillhalten

Und Scheich Mohammed? Ist der auch ein frommer Muslim? Und ob, sagt jeder Dubaier, den man fragt. Der Scheich bete, faste und sei gerecht. Nicht unwichtiger als diese Eigenschaften scheint aber auch das viele Geld zu sein, das dank der Wirtschaftspolitik des Herrschers ins Land gekommen ist. Praktisch alle Projekte, die Dubai zu der funkelnden Metropole gemacht haben, die sie heute ist, basieren auf Ideen von Scheich Mo. Über die weltwirtschaftlichen Entwicklungen, die Dubai positiv in die Hände gespielt haben, spricht man im Emirat kaum. Dubai sei bereits vor dem Abzug der Petrodollars aus den USA 2001 und vor dem jetzigen Anstieg des Ölpreises reich gewesen, sagen die Dubaier einsilbig.

Wie dem auch sei, den rund 200 000 Dubaiern geht es gut. Die Großzügigkeit des Herrschers hat Tradition, und Geldgeschenke gelten keineswegs als unfein. Einheimische haben Privilegien: Sie haben das Recht auf ein Stück Land und kostenlose Ausbildung. »Als ich studierte, erhielt ich genug Geld, um mir eine große Wohnung zu mieten, ein Dienstmädchen zu halten und gut zu essen«, sagt Arwa. Apropos essen: Emirati essen mit den Händen. Reis ist für sie eine unerlässliche Beilage; er wird in der Faust gerollt und dann in den Mund geworfen. Syrer, Libanesen und Ägypter machen sich darüber lustig, doch die Dubaier ekeln sich vor Besteck. Auch Scheich Mo isst

Demokratische Traditionen gibt es in Dubai nicht; der politische und gesellschaftliche Druck auf die Herrschenden ist noch relativ gering (Bild unten, streikende Gastarbeiter).

Über die zweite Hochzeit von Scheich Mo wurde kaum geredet, aber umso mehr hinter vorgehaltenen Händen getuschelt. Laut Koran darf ein Muslim mehrere Frauen heiraten, gut finden Araber das deshalb noch lange nicht.

mit der Hand – wenn er zu Hause ist. Aber der Kosmopolit setzt gerne das Sprichwort »Wenn du in Rom bist, lebe nach römischer Sitte« in die Praxis um. Natürlich kann er mit Messer und Gabel umgehen, und beim Pferderennen in Ascot fiel er nicht nur auf, weil er absolut korrekt und chic gekleidet war, sondern sich in seinem Frack offenbar auch noch wohlfühlte.

Faustregel: Schlüsselstellungen bleiben in der Familie

Es versteht sich fast von selbst, dass Scheich Mo das gleiche von seinen Gästen, also den Ausländern in Dubai, verlangt. Sie sind nämlich Gäste, nicht weniger, aber auch nicht mehr. Das heißt, sie werden (vor allem die Westler) zuvorkommend bewirtet, können aber nicht die emiratische Staatsbürgerschaft erwerben. Staatsämter stehen nur Einheimischen zu.

»Eigentlich kriegen nur Mitglieder der Herrscherfamilie hohe Posten«, sagt Arwa nachdenklich. Scheich Mohammed ist dafür ein gutes Beispiel. Als Kind erhielt er eine hervorragende Ausbildung. 1995 wurde er Kronprinz. Sein Vater war damals bereits tot, und als 2006 sein älterer Bruder, der Emir, starb, wurde Scheich Mo Regent des Emirats.

Das alles geschah auf die sanfte Tour, ohne Trara, Streit oder gar Auflehnung. »Demokratische Traditionen kennen wir in Dubai nicht«, sagt der Anwalt und: »Streiken tun höchstens die Gastarbeiter.« Die Geschenke sind allerdings nur einer von mehreren Gründen für das Schweigen und den Gehorsam der Einheimischen. Die anderen scheinen Anstand und Tradition, Verbundenheit mit den Eltern und dem Land zu sein. »Wir sind auch stolz auf Dubai und die Herrscherfamilie«, meint Arwas ältere Schwester.

Kritik am »guten und strengen Vater«?

Dennoch: Die Fragen, ob alles bleiben soll, wie es war, und auf welche Weise man in Dubai in die Zukunft gehen will, sind geradezu mit Händen zu greifen. Ist die auf beduinischen Traditionen beruhende autokratische Regentschaft Scheich Mohammeds, jenseits des Geldregens der über das Emirat niedergeht, ein Modell für das Dubai des 21. Jahrhunderts? Ganz selten sind Dubaier so offen wie Arwa und der Anwalt, die meisten Einheimischen sagen: »Der Scheich ist unser Vater. Und deshalb hören wir auf ihn. Ob er uns schlägt oder uns beglückt, ist seine Sache.« Nun, Scheich Mo kann es sich leisten, ein guter, großzügiger und zugleich strenger Vater zu sein. Dennoch ist neuerdings nicht einmal er von jeglicher Kritik verschont.

Auf den offiziellen Websites wird er über den grünen Klee gelobt. Am Rande erfährt man dort aber auch, dass er eine zweite Frau hat. Die ist mit ihren ungefähr 32 Jahren mindestens 27 Jahre jünger als der 59-jährige Scheich. Er heiratete Haya, eine Tochter des verstorbenen jordanischen Königs Hussein 2004 und inzwischen haben die beiden eine Tochter. Das wichtigste Band zwischen den Partnern ist die Liebe zum Pferdesport. Beide reiten, und Pferderennen und der Besitz großer Ställe sind ihre Leidenschaft. Über die Hochzeit wurde kaum geredet, aber umso mehr hinter vorgehaltenen Händen getuschelt. Laut Koran darf ein Muslim mehrere Frauen heiraten, gut finden Araber das deshalb noch lange nicht. Gerade religiöse Muslime betonen, dass die Mehrehe eigentlich dem Schutz von Witwen und geschiedenen Frauen dienen soll. Entschuldigt wird eine zweite Heirat auch, wenn die erste Ehe kinderlos geblieben ist. Doch Scheich Mo heiratete eine junge Frau. Und seine erste Frau, Scheicha Hind bint Maktoum, hat 15 Kinder von ihm! Angeblich hat sie nichts zur zweiten Heirat ihres Mannes gesagt.

Der politische Druck von innen nach gesellschaftlicher und politischer Mitbestimmung ist bis heute relativ gering geblieben. Doch er wächst, das wird aus den Äußerungen von Dubaiern wie Arwa und dem Anwalt deutlich. Und irgendwann werden diese sich outen müssen. In ihren Händen liegt nämlich die Zukunft von Dubai und auch die der übrigen arabischen Länder. Bis dato sind die gut ausgebildeten jungen Araberinnen und Araber in ihren Diktaturen gefangen wie in einem goldenen Käfig; Arwa ahnt das, und so sagt sie: »Auch wenn wir die schönsten Kleider, das beste Essen, die tollsten Häuser, die schnellsten Autos und die höchsten Wolkenkratzer haben werden, wird unser Leben unvollständig bleiben, solange uns die demokratischen Rechte fehlen.«

FREIZEITVERGNÜGEN DER SUPERREICHEN

In kaum einer anderen Stadt »leben« so viele Dollar-millionen wie in Dubai und ihre Besitzer wissen sie auch entsprechend in ihre Freizeit zu investieren. Es muss ja nicht gleich ein neuer Rennzirkus sein, wie ihn sich ein Mitglied der Maktoum-Familie gönnte. Nachdem die neu gebaute Formel-1-Strecke doch kein Austragungsort für die Königsklasse wurde, schuf der Motorsportfan für 40 Millionen Dollar die neue A1-Grandprix-Serie. Aber den einen oder anderen Sportwagen mag man sich schon gön-nen, natürlich nicht von der Stange. Ist die Entscheidung zwischen Porsche, Maserati oder Ferrari gefallen, schickt man seinen Neuerwerb erst mal zum Tuning. Bei teuren Jachten ist es ähnlich: Die Bootsbauer bieten verschiedene Grundtypen (sprich Größen) an, die edle Innenausstattung wird dann natürlich nach persönlichem Gusto gestaltet. Auf den ersten Blick mag da die traditionelle Liebe zum Kamel, die viele Dubai'in in ihrer Freizeit pflegen, trotz ihrer heu-tigen »Nutzlosigkeit« als ein günstiges Hobby erscheinen. Wenn man allerdings weiß, dass es sich dabei um hochsen-sible Renntiere handelt, die bisweilen für mehrere Millionen Dollar den Besitzer wechseln, sieht das Ganze schon wieder anders aus. Teuer bezahlen muss man auch für das eher stil-le Hobby der Falknerei, doch die stolzen Besitzer genießen den abendlichen »Ausflug« in den Dünen rund um Dubai.

Der Jagdfalke gilt als Inbegriff von Mut und Ausdauer, weshalb er nicht nur im Staatswappen der Vereinigten Arabischen Emirate prangt, sondern auch die Falknerei zu einem beliebten – und teuren – Hobby gemacht hat. Bis zu sechsstellige Summen werden fällig, um zum Beispiel einen der seltenen Wander- oder Peregrinfalken zu erstehen. Gattung, Alter und Geschlecht bestimmen den Preis, Weibchen sind teurer, weil sie größer sind. Doch mit der Anschaffung allein ist es nicht getan: Die Vögel brauchen besondere Nahrung, klimatisierte Unterkünfte und viel Bewegung. Im Krankheitsfall steht Dubais Falknern eine der renommiertesten Falkenkliniken zur Verfügung, in der Spezialisten zum Beispiel Federimplantation durchführen können.

Besonders donnerstags und freitags sieht man sie die Stadt verlassen: Große Geländeautos mit einem Anhänger, auf dem zwei, drei oder gar vier dieser kleinen, lauten Off-Road-Flitzer festgeschnallt sind. Ihr Ziel ist eine riesige Düne etwa 60 Kilometer außerhalb der Stadt, kurz vor Hatta. Zwar gibt es dort auch längst Vermieter für die sogenannten Quadbikes, aber wer etwas auf sich hält, hat natürlich seine eigenen. Dann liefern sich Dubais Jugendliche bis 50 Jahre – denn das Gefährt begeistert nicht nur Teenager – ihre wöchentlichen Rennen. Dabei müssen sie nicht nur auf das Gelände oder ihre Verfolger achtgeben, sondern auch auf die »große« Konkurrenz: Ob Suzuki, Toyota oder Nissan, jede Marke ist vertreten bei dem Versuch, die steilen Sandhänge zu erklimmen, möglichst waghalsige Kurven in den Sand zu zeichnen oder über die Dünen zu springen. Da kann es schon mal vorkommen, dass der ein oder andere im falschen Winkel im Sand aufkommt und mit ein paar Überschlägen den Hang hinunterrollt. Wenn alles gut gegangen ist, wird darüber gelacht und meist hat jemand im Freundeskreis das neueste Mobiltelefon mit hochauflösender Kamera dabei und den »Spaß« gefilmt. Das Auto? Geht natürlich in die Werkstatt oder man wollte eh gerade das neuere Modell kaufen ...

Kamelrennen sind keine Erfindung der Neuzeit, wohl aber deren Inszenierung. Früher begnügte man sich mit einer einfachen Sandbahn. Die Zuschauer saßen im Innenkreis oder drumherum, für die Honoratioren reichte eine schlichte Holztribüne. Heute verläuft neben der Rennbahn eine Straße, auf der Kamerawagen Bilder auf große Video-Leinwände übertragen. Es gibt offizielle Saison-Eröffnungsrennen, an denen die Herrscher und die High Society teil- und in bequemen Ledersesseln Platz nehmen. Geld-Wetten sind zwar verboten, doch kann jeder Besucher eine Art »Lottoschein« ausfüllen, auf dem seine Tipps für das jeweilige Rennen vermerkt sind und mit etwas Glück ein Auto oder Bargeld gewinnen.

Lange Jahre heftig umstritten war der wegen ihres geringen Gewichtes traditionelle Einsatz von Kinderjockeys, zumal die Emiratis nicht ihre eigenen, sondern vier- bis sechsjährige Jungen pakistanischer oder indischer Gastarbeiter hinter dem Höcker festzurrten. Nicht selten kam es im Training oder bei den Rennen zu schweren Verletzungen und sogar Todesfällen. Kinderschutzverbände aus aller Welt liefen Sturm gegen diese inhumane Praxis – mit Erfolg. Eine Erfindung aus der Schweiz setzt sich langsam in den Golfstaaten durch, nämlich der Einsatz von Robotern. Die knapp fünf Kilogramm schweren mechanischen Puppen verfügen über einen beweglichen Peitschen-Arm und einen eingebauten Lautsprecher, die beide per Fernbedienung gesteuert werden können. Übrigens kaum zu glauben, dass auch dieser Sport nicht frei von Doping-Sündern ist. Neben Anabolika soll unter anderem Kaffee den Rennkamelen zum sicheren Sieg verhelfen.

Der Automarkt in Dubai boomt. Bei den Jugendlichen sehr beliebt sind vor allem sportliche Modelle wie der Ford Mustang; damit liefern sie sich auf abgelegenen Straßen des Nachts illegale Rennen. Wo die Straße mehr Platz bietet, zum Beispiel an Kreuzungen, sieht man oft schwarze kreisförmige Reifenspuren – da ging dann mal eben ein Satz teurer Breitreifen laut quietschend in einer blauen Rauchwolke auf. War der Geländewagen bis vor wenigen Jahren unabdingbar, kauft man ihn heutzutage eher aus Gewohnheit, denn staubige Pisten gibt es kaum noch im Emirat Dubai. Ein japanischer Hersteller von Off-Road-Fahrzeugen gründete für den Verkauf seiner teuren Limousinen extra eine neue Marke, da man ihn zu sehr mit schlichten Alltagsautos in Verbindung brachte. Die Parkplätze vor den riesigen Einkaufszentren sind durchweg gepflastert, trotzdem sieht man viele Frauen mit einem der teuersten Vierradwagen, dem Porsche Cayenne, zum Shoppen fahren – man weiß ja nie. Qualität aus Deutschland steht bei Dubais Autofahrern hoch im Kurs, wie steigende Absatzzahlen beweisen. Doch nicht nur Hersteller, auch Spezialisten für Sonderzubehör verdienen an den Extravaganzen arabischer Scheichs. Gisela Kusche (im Bild links unten) fasst zum Beispiel die Felge nicht umsonst mit Glacéhandschuhen an, denn immerhin wird das teure Extra in ihrer Firma mit echtem 24-karätigem Gold beschichtet. Wenn es um die Ausstattung ihrer Karossen geht, ist den Dubai'in offensichtlich nichts zu teuer.

Dass arabische Familien mehrere Generationen umfassen, ist hinlänglich bekannt, und wenn sie gemeinsam in den Urlaub fliegen, ist es keine Seltenheit, dass sie ein Luxushotel gleich etagenweise buchen. In manchen Familien gehört mittlerweile jedoch auch Papas Lieblingsauto mit ins Urlaubsgepäck. So staunte das Personal eines Münchner Luxushotels nicht schlecht, als ein Scheich aus Dubai um einen Garagenparkplatz für seinen aus der Heimat mitgebrachten Ferrari bat.

Auch europäische Jachtenbauer bekommen immer mehr Anfragen aus Dubai. Ein zukunftsträchtiger Markt mit Preisen um die 900 000 Euro – für das kleinste Schiff! Die größeren, immer beliebter werdenden Jachten mit den Ausmaßen kleiner Kreuzfahrtschiffe sind erheblich teurer, allein schon wegen der Innenausstattung. Feinstes Teak-Holz und Armaturen aus Chrom und Edelstahl sind da noch das Geringste. Da man in betuchten Kreisen natürlich über einen Hubschrauber verfügt, braucht es auch einen Landeplatz auf dem Boot. Die größte Jacht, immerhin 160 Meter lang, gehört derzeit Scheich Mohammed. Getauft ist sie auf den Namen »Dubai«, verfügt über mehrere Schlaf- und Wohnräume, eine supermoderne Diskothek, ein Kino und angeblich sogar eine Squash-Anlage.

Luxusvergnügen Jacht
Dubais Wohlhabende drängen aufs Meer, sei
es mit dem Jetski, einfachen Motorbooten
für den Tagesausflug oder millionenteuren
Luxusjachten mit Schlaf- und Wohnzimmern
(im Bild ein mittelgroßes Modell). Deshalb
gehören zu den großen Bauprojekten an
der Küste immer mehr Jachthäfen. Sei es bei
den künstlichen Inseln, der Dubai Waterfront
oder dem Arabian Canal, überall werden
Liegeplätze geschaffen. Scheich Mohammeds
160-Meter-Schiff hat einen eigenen Liegeplatz
in Dubais Hafen Port Rashid.

DIE ROLLE DER FRAU: EMANZIPATION AUF ARABISCH

Es war schon eine kleine Sensation, als die Vereinigten Arabischen Emirate 2004 die Leitung eines ihrer wichtigsten Ressorts, nämlich das Wirtschaftsministerium, einer Frau anvertrauten. Es ist noch nicht lange her, dass Frauen der Zugang zu Schulen verwehrt blieb und sie auf ihre Rolle als Hausfrau und Mutter festgelegt waren. Aber die Entwicklung Dubais äußert sich nicht nur im Hochziehen von Wolkenkratzern, auch die gesellschaftlichen Strukturen sind Änderungen unterworfen. Somit war die Ernennung einer Ministerin nur ein weiterer Schritt in einer Entwicklung, die vor 40 Jahren ihren Anfang nahm. Sie war nicht einfach und ist längst nicht abgeschlossen, aber eines wird deutlich: Dem europäischen Vorurteil der rechtlosen Mutter entsprechen Dubais Frauen schon lange nicht mehr — falls sie es je taten.

Verzerrtes Bild von der Rolle der Frau

»Ich hatte ein sehr enges Verhältnis zu meinem Vater, doch als er starb, durfte ich aus traditionellen Gründen nicht an seiner Beerdigung teilnehmen«, erzählt mir meine langjährige Freundin Mariyam, »nur meinen Brüdern war es gestattet, sich an seinem Grab von ihm zu verabschieden. Das tut mir bis heute weh.« Es sind Geschichten wie diese, die den Eindruck erwecken, die Frauen Arabiens stünden rechtlich und gesellschaftlich im Schatten der Männer. Doch dieses Bild ist verzerrt, es berücksichtigt weder die verschiedenen Gesellschaften und kulturellen Hintergründe, aus denen die Frauen stammen, noch ihren individuellen Charakter und vor allem nicht die unterschiedliche Entwicklung der jeweiligen Länder, in denen sie aufwachsen. Eine Frau im Jemen lebt anders als eine in der Boomtown Dubai. Deshalb ist es schlicht unmöglich, von »der« arabischen Frau zu sprechen.

Der Islam verschafft Frauen erstmals Rechte

Was die Frauen natürlich gemeinsam haben, ist die Religion, die oftmals für die »Unterdrückung« verantwortlich gemacht wird. Dabei wird gern übersehen, dass mit der Verbreitung des Islam die weibliche Bevölkerung der Arabischen Halbinsel erstmals überhaupt einen Rechtsstatus erlangte. Ihre Position dem Mann gegenüber wurde erheblich gestärkt. Frauen konnten einen potenziellen Bräutigam ablehnen, bekamen einen Teil des Brautgeldes ausbezahlt, sie waren erbberechtigt und – eine soziale Revolution – vor Allah dem Allmächtigen waren sie dem Mann sogar gleichgestellt. Auf Erden allerdings räumte der Koran dem Mann eine überegene Position ein, die als Grundlage für die weitere Entwicklung hin zu einer patriarchalischen Gesellschaft führte. Darin liegt eine der Schwierigkeiten von heute, denn die Männer haben sich im Laufe der Jahrhunderte an ihre Rolle gewöhnt und betrachten argwöhnisch den Aufstieg der Frauen, auch in Dubai. Faiza al Sayed, die ein Innendekorationsgeschäft mit mehreren Filialen in den Emiraten leitet, erzählt von ihren anfänglichen Schwierigkeiten: »Als ich mich vor 20 Jahren selbstständig machte, hatte ich mit den Vorurteilen der Männer zu kämpfen. Das fing mit der Genehmigung der Gewerbeerlaubnis an, ging weiter über die Kreditvergabe bis zum Misstrauen bei männlichen Auftraggebern. Die frauenspezifischen Probleme bei uns sind vergleichbar mit denen aller berufstätigen Frauen auf der Welt, nämlich die Rolle der Ehefrau, Mutter und Geschäftsfrau unter einen Hut zu bringen.«

Die traditionelle Rolle der Frau

Dabei sind die Frauen Arabiens nicht erst seit heute aktive und bisweilen selbstständige Unternehmerinnen. In einem Interview mit dem Dubai Magazin betont Farida Kamber, Geschäftsführerin einer Designfirma, »dass entgegen der Meinung in den westlichen Ländern und einiger Männer in den Emiraten die Selbstständigkeit von Frauen und Islam sich überhaupt nicht ausschließen. Die Frau des Propheten Mohammed, Khadija, sei schließlich eine angesehene Handelsfrau in Mekka gewesen. Ihre Karawanen transportierten Waren über die gesamte Arabische Halbinsel.« In den Zeiten der Perlentaucherei waren die Frauen über Monate, wenn die Ehemänner ohne Unterbrechung auf See blieben, auf sich allein gestellt und mussten sich um Haus und Hof kümmern. Und die Beduinen der Wüste hätten ihr Nomadenleben nicht führen können ohne die verantwortungsvolle Unterstützung ihrer Frauen. Diese sammelten Brennholz und Wasser, hüteten Ziegen und Kamele. Waren die Männer auf der Suche nach Weidegründen und kein Junge im Lager, bewirteten junge Mädchen bei einigen Stämmen sogar fremde männliche Gäste. Natürlich oblagen der Frau auch die traditionellen Aufgaben der Kindererziehung, der Ordnung des Zeltes, das Kochen, aber auch die Familienfinanzen. In Zeiten der Not veräußerten sie ihren Schmuck, um die Familie am Leben zu erhalten. Nicht selten beobachtet man auf traditionellen Märkten die kleine Szene, wo er zwar die Ziege für das Opferfest aussucht, sie dann aber um das Geld für die Bezahlung bittet. »Und in den Emiraten«, weiß Farida Kamber, »gab es schon vor den Zeiten der Erdölförderung Frauen, die mit Milch, Wasser, Fisch und Parfüms handelten.« Auch in der Religion gibt es genug Hinweise auf die wichtige Rolle der Frau. Als der Prophet Mohammed beispielsweise gefragt wurde, »wen sollen wir respektieren?«, lautete seine Antwort: »Zuerst Deine Mutter, dann deine Mutter und danach Deine Mutter.«

Frauen werden »versteckt«

Das Bild der orientalischen Frau in Europa wurde in den vergangenen Jahrhunderten vor allem von den Berichten männlicher Reisender beeinflusst, die jedoch in den seltensten Fällen überhaupt eine Frau zu Gesicht bekamen. Deren Leben spielte sich – und tut es oft heute noch – nicht in der Öffentlichkeit ab, sondern zu Hause. »Was die arabische Frau hilfloser und gewissermaßen als von geringerem Rechte erscheinen lässt, ist lediglich der Umstand, dass sie zurückgezogen lebt. Diese Sitte besteht bei allen Völkern des Orients, und je höher die Rangklasse einer Frau, der sie angehört, umso strenger hat sie sich derselben zu unterwerfen«, schreibt beispielsweise Emily Ruete in ihrem Buch »Leben im Sultanspalast«. Frau Ruete war eigentlich eine arabische Prinzessin namens Salme, die auf der zum emiratischen Nachbarn Oman gehörenden Insel Sansibar lebte. Sie verliebte sich 1860 in den deutschen Kaufmann Heinrich Ruete und ging mit ihm nach Deutschland. Zum teilweise schiefen Bild der arabischen Frau und ihrer Rolle trug darüber hinaus eine Orient-Euphorie bei, die Europa in den 1920er Jahren erfasste. Ohne Hintergrundkenntnisse ließ man seinen Fantasien über die Welt der Frauen freien Lauf. In Büchern und auf Postkarten bildete man schwülstig-lüstern sich räkelnde, spärlichst bekleidete Damen mit einem dünnen Schleier ab. Hollywood stellte in seinen Filmen noch ein paar muskulöse Eunuchen hinzu,

> **Männliche Reisende, unter anderem aus Europa, prägten in den vergangenen Jahrhunderten das Bild von der orientalischen Frau.**

die den Harem des Sultans streng bewachten, und so etablierte sich das Bild vom wohlhabenden Scheich, der in seinem Palast Heerscharen von Frauen zu seinem Vergnügen »hält«. Dabei leitet sich das Wort Harem vom arabischen »Haram« ab, was schlicht verboten heißt und letztendlich nur die Privatgemächer oder Zimmer der Frau bezeichnete. Das Haus war das Reich der Frau, hier lag ihr Aufgabenbereich und sie ließ sich von niemandem hineinreden. Hier konnte sie sich aber auch ungestört mit ihren weiblichen Verwandten und Freundinnen austauschen. Natürlich gab und gibt es die Extremfälle, dass Ehemänner ihre Frauen tatsächlich regelrecht einsperren, aber es ist ein Trugschluss, dass es deshalb der gesamten weiblichen Bevölkerung Arabiens so geht. Emily Ruete schreibt von »höheren Rangklassen«, das heißt, diese Frauen hatten Sklaven, die ihnen Botengänge und Arbeiten in der Öffentlichkeit abnahmen. Die einfache Bevölkerung (wie die Frauen der Perlentaucher) mussten selbst zum Bazar gehen, um ihre Lebensmittel einzukaufen, und die männliche Bevölkerung brachte ihnen nicht nur wegen der Vorschriften im Koran großen Respekt entgegen.

Die Frau als Trägerin der Stammesehre

Die Ehre einer Frau ist in der arabischen Gesellschaft nicht ihre Privatangelegenheit, sondern betrifft die ganze Familie. Abstammung und Familienehre waren in der Vergangenheit – und sind es noch heute – wichtige Werte. Männer haben in dieser Gesellschaft nicht nur Privilegien, sie tragen auch Verantwortung. Neben den wirtschaftlichen und rechtlichen Pflichten gehört dazu auch die Bewahrung dieser Ehre. Bei den Beduinen wuchsen Bruder und Schwester in engem Verhältnis zueinander auf, und er betrachtete sich als ihr Beschützer. Selbst in späteren Jahren, wenn sie verheiratet war, lag die Verantwortung zur Verteidigung ihrer und der Familienehre bei dem Bruder und nicht dem Ehemann, denn schließlich fiel ein schlechter Ruf auf seine

Familie zurück, nicht auf die des Gatten. Doch die Handhabe einer eventuellen »Bestrafung« fiel von Stamm zu Stamm völlig unterschiedlich aus. Dazu konnte in sehr extremen Fällen auch der Tod gehören. In den Aufzeichnungen des englischen Reisenden Wilfred Thesiger, der in den 1940er Jahren die Golfregion bereiste, wird vom Mord an einem jungen Beduinen-Mädchen erzählt, das von seinem Bruder nur aufgrund von – falschen – Gerüchten erstochen worden war. Doch schon die Reaktion der beduinischen Begleiter Thesigers macht die unterschiedlichen Einstellungen der Wüstenbewohner deutlich. Die Geschichte passierte in der Gegend des heutigen Irak und die beduinischen Begleiter Thesigers verurteilten die Tat als barbarisch. Selbst wenn das Mädchen unmoralisch gehandelt haben sollte, wäre eine solche »Bestrafung« nicht gerechtfertigt. In der heutigen Gesellschaft der Emirate finden diese »Ehrenmorde«, die schon in der Vergangenheit äußerst selten vorkamen, kaum Zustimmung und werden auch nicht praktiziert. Natürlich gibt es in arabischen Ländern und somit auch in den Emiraten immer noch eine andere Einstellung zum Thema »richtiges« moralisches Verhalten, doch sollte man nicht zu pauschal (ver-)urteilen. Viel hängt auch von der Einstellung des Einzelnen ab, und so wie es in Europa zum Beispiel Fälle von ehelicher Gewalt gibt, findet sie sich leider auch in Dubai. Mittlerweile bieten jedoch private und auch staatliche Einrichtungen Anlaufstellen für Frauen an, wenn es Probleme im privaten Bereich gibt.

Der Schleier als Zeichen des Traditionsbewusstseins

 »Warum wird im Westen Fortschritt daran gemessen, inwieweit Frauen verschleiert sind oder nicht?«, fragt sich auch Farida Kamber. »Es sei völlig legitim, dass in Europa ein säkularer Staat die Verschleierung verbietet, da es nicht der dortigen Tradition entspricht.« Selbst islamische Geistliche sind sich in der Interpretation jener Passagen im Koran, die angeblich eine Verschleierung vorschreiben, nicht einig. Da heißt es lediglich in Sure 24, Vers 31: »Oh Prophet, sprich zu Deinen Gattinnen und Töchtern und den Frauen der Gläubigen, dass sie sich in ihren Überwurf verhüllen. So werden sie als ehrbar erkannt und werden nicht belästigt ...« Der Schleier ist auch keine Erfindung des Islam: Bereits die Assyrerinnen trugen zur Kennzeichnung von Standesunterschieden einen Schleier ebenso wie die vornehmen Damen der Handelsstadt Mekka. »Wir jedoch tragen unsere Abaya (das schwarze Gewand) aus Traditionsgründen. Und unter manchem Schleier verbirgt sich ein heller Kopf«, sagt Frau Kamber. Dabei fällt mir ein junges Mädchen ein, dass ich zufällig in einem Café in Jumeirah sah. Sie trug zwar die Abaya und das schwarze Kopftuch, doch darüber hat sie sich selbstbewusst eine amerikanische Baseballkappe gestülpt und an den Füßen

Der Wert der weiblichen Intimität

»Die arabische Frau enthüllt ihr Gesicht nur vor Gott und vor ihrem Ehemann«, heißt es in einem religiösen Text zur Stellung der Frau. Das hat nur teilweise etwas mit der patriarchalischen Gesellschaftsordnung zu tun, vielmehr liegt darin eine Wertschätzung der weiblichen Intimität. In Europa ist dieser Wert scheinbar verloren gegangen, denn hierzulande wird vom Schnürsenkel bis zum Schokoriegel alles gern mit Hilfe einer leicht- bis gar nicht bekleideten Frau beworben. Durch ihre körperliche Freizügigkeit soll so etwas wie individuelle Freiheit vermittelt werden, der gesellschaftliche Wert der Intimität des weiblichen Körpers ist längst dahin.

Raja Esa al Gurg
ist Leiterin der Vereinigung emiratischer Geschäftsfrauen und Chefin eines Unternehmens mit 24 Angestellten. »Wir sind in unserer Gesellschaft wirklich gleichgestellt, wir arbeiten als Ärztinnen, Rechtsanwältinnen, Ingenieurinnen oder Hochschullehrerinnen.« Von Diskriminierung kann keine Rede sein: »Es ist so selbstverständlich, dass wir nicht einmal besonders stolz darauf sein müssen.«

Die wirtschaftliche Prosperität Dubais bietet den einheimischen Frauen vielfältige Möglichkeiten auch in der persönlichen Freizeitgestaltung. Private und staatliche Institutionen offerieren Weiterbildungskurse im künstlerischen Bereich (Bild rechts: Frauen bei einem Zeichenkurs) oder im Sport. Bei Olympia in Beijing 2008 nahmen zum Beispiel weibliche Mitglieder von Dubais Herrscherfamilie unter anderem im Springreiten, Tontaubenschießen und im Karate teil.

trug sie die neuesten Turnschuhe. Auch in Äußerlichkeiten findet die junge Generation langsam ihre eigenen Wege, um Tradition und gesellschaftliche Normen miteinander zu verbinden. Und bei vielen Mädchen hängt der Schal nur noch um die Schultern.

Mütter noch Analphabetinnen

»Wir sind Pionierinnen«, berichtet auch Raja Esa al Gurg in einem Interview. Sie ist Präsidentin des Komitees der Geschäftsfrauen in Dubais Handelskammer. »Sie müssen bedenken, unsere Großmütter und Mütter waren oft noch Analphabetinnen und wurden mit zwölf Jahren verheiratet.« Man darf nicht vergessen, dass Dubais weibliche Teenager von diesen Müttern im Sinne der alten Werte und Traditionen erzogen wurden und sich jetzt in einer völlig veränderten Welt zurechtfinden müssen. Dabei werden sie seit Jahren vom Staat durch ein umfangreiches Angebot an Ausbildungsmöglichkeiten unterstützt, das die meisten auch in Anspruch nehmen. Mit zwölf Jahren heiratet heute kaum noch ein Mädchen, denn Studium oder eine gute Ausbildung sind für die meisten mittlerweile wichtiger als eine frühe Heirat. Außerdem möchten viele auch nach der Hochzeit ins Berufsleben einsteigen. Zwar nehmen in Arabien bis jetzt laut UN-Entwicklungsprogramm (UNDP) erst 33 Prozent aller Frauen ab 15 Jahren aktiv am Erwerbsleben teil, während der globale Durchschnitt bei fast 56 Prozent liegt, doch schon die Zahl der Studentinnen an Dubais Universitäten liegt bei über 50 Prozent. Das liegt zwar daran, dass es ihnen noch nicht möglich ist, ins Ausland zu gehen, um dort zu studieren und Erfahrungen zu sammeln, doch machen sie dieses Manko wett, indem sie im Durchschnitt ihr Studium besser abschließen als ihre männlichen Kommilitonen. Selbst wenn sie nicht ins Berufsleben einsteigen sollten, hat sich inzwischen die Erkenntnis durchgesetzt, dass die gebildete Frau auch bei der Kindererziehung zu Hause etwas sehr Positives ist.

Berufliche Emanzipation als wirtschaftliche Notwendigkeit

Unterstützung hierfür kommt auch von ganz oben, von Scheich Mohammed persönlich: »Die arabischen Frauen stellen die Hälfte unserer Gemeinschaft dar und manchmal bewähren sie sich beim Aufbau unseres Landes besser als Männer. Vielleicht haben wir das in der Vergangenheit verkannt, doch jetzt sind sie in der Lage, hochrangige Stellungen in unserer Gesellschaft einzunehmen«, äußerte er in einem Interview. Die Regierung werde sie auf ihrem Weg zu mehr Einfluss in Dubais Gesellschaft unterstützen. Das sind nicht nur leere Worte, auf seine Initiative geht das Ende der 1990er Jahre ins Leben gerufene Intelaq-Projekt zurück. Es soll Dubais Frauen auf verschiedene Berufsfelder vorbereiten, sei es auf ein Regierungsamt, eine Arbeit in der freien Wirtschaft oder einen Beruf, den sie am heimischen Computer ausüben können. Mit Erfolg, denn bereits 1999 schaffte mit Dina al Herais die erste Frau den Sprung ins Top-Management der Fluglinie Emirates. Dahinter stecken allerdings auch ganz massive wirtschaftliche Notwendigkeiten. Beinahe täglich wird in den Medien die Abhängigkeit Dubais von ausländischen Arbeitskräften thematisiert. Die Situation auf dem Arbeitsmarkt erleichtert den einheimischen Frauen den Einstieg ins Berufsleben. Dubai hat zwar einen ausländischen Bevölkerungsanteil von über 80 Prozent, doch Schlüsselpositionen in den Wirtschaftsetagen sollen von Einheimischen besetzt werden. »Sie brauchen unser Potenzial, es gibt schlicht nicht genügend einheimische Männer«, sagt Scheicha al Shamsi, Tochter einer der wohlhabendsten Familien des Emirats.

Balance zwischen Tradition und Moderne

Es gibt jedoch auch Frauen, die ihre Zweifel an der modernen Entwicklung haben. Auf einem Symposium zum Thema »Frauen in Führungspositionen«, zu dem 2006 die Scheich-Zayed-Universität in Abu Dhabi 1200 Studentinnen aus 87 Nationen eingeladen hatte, gab eine

> **Mit größeren Freiheiten wächst auch die persönliche Verantwortung der Frauen. Darüber sind sich vielleicht noch nicht alle bewusst.**

arabische Studentin zu bedenken, dass sich die Männer durch die wachsende Emanzipation der Frau eines Tages aus der Verantwortung ziehen könnten und nicht mehr für alles aufkommen würden. »Wenn wir eigenes Geld verdienen möchten und unabhängig sein wollen – gut, dann aber mit allen Konsequenzen. Damit bürden wir uns eine enorme Verantwortung auf; daran müssen wir auch denken.« Das mag weit vorausgedacht sein, denn noch verstehen sich Dubais Männer als Alleinversorger der Familie. An den Gedanken einer berufstätigen Gattin müssen sie sich erst gewöhnen und erkennen, dass dies kein Hindernis für ein intaktes Familienleben ist. Dass junge Mädchen später heiraten, klingt positiv, doch wenn sie mit 20 noch nicht unter der Haube sind, taucht nicht nur bei ihnen selbst das Schreckgespenst der »alten Jungfer« auf. Zu den inneren Ängsten kommen in Dubais Gesellschaft auch immer noch viele äußere Widerstände hinzu. Obwohl das Recht der

Frauen auf Arbeit in der Verfassung von 1971 fest verankert ist, zögern männliche Entscheidungsträger, eine Frau einzustellen. Eine Frau als direkte Vorgesetzte ist für manchen schlicht undenkbar.

Emiratische Frauenvereinigungen

Um diese Widerstände in der Gesellschaft zu überwinden, engagieren sich seit Jahren nicht nur die Herrscher des Landes, sondern sehr erfolgreich auch ihre Gattinnen. Bereits Anfang der 1970er Jahre gründete Scheicha Fatima bint Mubarak, Ehefrau des 2004 verstorbenen Präsidenten Scheich Zayed, die Abu Dhabi Frauenvereinigung. Es dauerte keine drei Jahre, da gab es in jedem Emirat eine solche Organisation, die sich dann zur Emiratischen Frauenföderation zusammenschlossen. Ging es in den Anfangsjahren noch hauptsächlich darum, Bildungseinrichtungen für Frauen zu schaffen, organisieren sie heute Seminare und Fortbildungskurse oder helfen Frauen in privaten oder beruflichen Konfliktsituationen; mit Erfolg. Eine Männerdomäne nach der anderen öffnet sich auch den Frauen. Die Justizbehörden verzeichnen eine steigende Zahl von Bewerberinnen und im Herbst 2008 traten die ersten Pilotinnen der Armee ihren Dienst an. Dubais Frauen haben in den letzten Jahren eine Vorreiterrolle für die weibliche Bevölkerung der Arabischen Halbinsel eingenommen und viel erreicht. Zwar kommt gerade aus der westlichen Welt immer wieder die Forderung nach schnelleren Veränderungen, doch die brauchen Zeit. Kaum jemand in Deutschland weiß zum Beispiel, dass in Bayern Lehrerinnen bis in die 1950er Jahre ihren Beruf aufgeben mussten, wenn sie heiraten wollten und erst 1977 wurden jene Paragrafen aus dem BGB gestrichen, die vorsahen, dass eine Ehefrau ihren Gatten – zumindest theoretisch – um Erlaubnis fragen musste, wenn sie einen Beruf ergreifen wollte.

So wie sich in Europa die Dinge geändert haben, werden sie es auch weiterhin in Dubai – und anderswo – tun; sogar in Saudi-Arabien, wo Frauen derzeit noch nicht einmal Auto fahren dürfen. Nach einem spontanen Vortrag vor 600 Teilnehmern – hauptsächlich Männern aus Saudi-Arabien – auf einer internationalen Tagung zum Thema Bildung, Management und Neue Technologien erhielt Scheicha Lubna, die Wirtschaftsministerin der Emirate, tosenden Applaus und folgende Worte eines Saudis zum Dank: »Als Araber bin ich stolz darauf, hier eine arabische Dame erlebt zu haben, die so viel zu sagen hatte mit angenehmer Stimme in solch brillanter Weise.«

> **Nachrichten aus dem erzkonservativen Saudi-Arabien über die Stellung der Frau sorgen regelmäßig für negative Schlagzeilen, doch ist das Land nicht als Repräsentant für arabische Frauen anzusehen.**

Zukunft
Das Mädchen kann unbeschwert in die Zukunft blicken, denn wenn es erwachsen ist, werden ihm berufliche Möglichkeiten offen stehen, die für seine Großeltern noch undenkbar waren.

Polygamie und Heiligkeit der Ehe

Ein sehr beliebtes Argument zur Hervorhebung der männlichen Dominanz ist das Recht, bis zu vier Frauen gleichzeitig zu ehelichen. Dass dies allerdings eine Einschränkung zur vorherrschenden Praxis darstellt und es auch darum ging, die Gattinnen verstorbener Männer »in geordneten Verhältnissen« versorgen zu können, wissen die wenigsten. Im Koran heißt es zudem, alle Ehefrauen müssten absolut gleich behandelt werden und viele islamische Gelehrte ziehen daraus den Schluss, dass dies ein Aufruf zur Monogamie ist, denn es sei schließlich unmöglich, mehrere Menschen in gleicher Weise zu lieben. In einigen arabischen Ländern ist die Polygamie deshalb bereits offiziell verboten. In Dubai dürfen Männer mehrere Frauen heiraten, allerdings tun sie es selten, denn neben den »moralischen« Problemen kommen handfeste materielle Hindernisse und ein neues Selbstbewusstsein der jungen Frauen hinzu. So machen sie verstärkt Gebrauch vom Ehevertrag, den es seit alters her gibt. Im arabischen »Ktab al Kitab« – etwa das Schreiben des Buches – legen beide Ehepartner Wünsche und Bedingungen fest. So kann die zukünftige Gattin unter anderem zumindest den Wunsch äußern, alleinige Ehefrau zu bleiben oder aber mit einer weiteren nicht das Haus teilen zu müssen. Und zwei Haushalte sind auch in Dubai teuer, viele junge Männer verschulden sich allein für die Ausrichtung der Hochzeit auf Jahre hinaus.

Weil sie arm war und sich keinen Schmuck leisten konnte, soll sich bereits die Tochter des Propheten Mohammed, Fatima, ihre Hände mit filigranen Mustern aus Henna bemalt haben. Trotz Wohlstands ist es heute immer noch Brauch, dass die Braut vor der Hochzeit aufwendig mit Hennamustern an Händen und Füßen »verschönert« wird.

FRAUEN IN DUBAI: MODERN, TRADITIONSBEWUSST, ERFOLGREICH

Dubais Einheimische sind zu einer Minderheit im eigenen Land geworden. Scharenweise strömen Gastarbeiter aus aller Herren Länder in die wohlhabende Hightech-Stadt, die innerhalb der letzten 40 Jahre aus dem Wüstenboden emporschoss. Ein wesentliches Merkmal dieses Wohlstandes sind jene kleinstadtgroßen Einkaufstempel, in deren überdachten Fußgängerzonen arabische Familien und Jugendliche des Abends nach Ablenkung suchen. Auf den ersten Blick scheint alles den Erwartungen des europäischen Besuchers zu entsprechen, wenn die schwarz gekleidete Ehefrau den Kinderwagen vor sich herschiebt und ihren Ehegatten vor dem Juweliergeschäft dezent am Ärmel zurückhält. Doch dann entdeckt er eine Gruppe junger Mädchen, die wie selbstverständlich im Café Platz nimmt. Sie tragen nicht die traditionellen schwarzen Schals, sondern bunte Kopftücher – oder gar das Haar offen. Die Veränderungen in Dubais Gesellschaft offenbaren sich meist erst auf den zweiten Blick. Dubais Frauen beschränken sich mitnichten auf das klassische Rollenverhältnis der kochenden Ehefrau, die zu Hause auf die Kinder achtet und das Einkommen ihres Mannes in den Shopping-Centern ausgibt. Die Entwicklung Dubais der vergangenen vier Jahrzehnte bietet ihnen einflussreiche Positionen in Wirtschaft und Politik, denn die Regierung ist bestrebt, diese Positionen nicht mit ausländischen, sondern einheimischen Arbeitskräften zu besetzen. Da es aber nicht genug gut ausgebildete Männer gibt, werden Dubais Frauen auch von der Herrscherfamilie in ihrem Bestreben nach einer neuen Rolle in der Gesellschaft unterstützt.

Ein wenig verwirrend ist es für Touristen schon, wenn sie von ihrer Reiseleitung zunächst darauf hingewiesen werden, dass sie sich in einem arabisch-islamischen Land befinden und doch bitte auf dezente Kleidung achten sollten und anschließend sehr freizügige Werbeplakate und Schaufensterdekorationen in den Einkaufszentren erblicken. Da die Käufergruppe arabischer Frauen im Verhältnis zum exorbitanten Warenangebot allerdings verschwindend gering ist, muss die Werbung deshalb natürlich auch die Frauen anderer Nationen ansprechen. Dubais Frauen haben damit meist kein Problem, sie erfreuen sich zwar an den modischen Trends und kaufen gern westliche Kleidung, tragen aber aus traditionellen Gründen in der Öffentlichkeit das schwarze lange Gewand, Abaya. Diese Abayas sind übrigens nicht einfach schlichte Mäntel, sondern bisweilen mehrere Hundert Dollar teure Designerstücke. Es sind eher Gastarbeiterinnen und Touristinnen, die es mit der Freizügigkeit übertreiben. Im Frühjahr 2008 sahen sich deshalb die ersten großen Shopping-Malls dazu gezwungen, eine Kleiderordnung zu erlassen.

War es in der Vergangenheit vor allem traditioneller Silberschmuck der Beduinen, der auf den Märkten Dubais verkauft wurde, erfreut sich heute Gold immer größerer Beliebtheit. Die alten Stilelemente wurden übernommen, indische Goldschmiede führten jene ihrer Heimat ein und mittlerweile gibt es auch westliches Schmuckdesign zu kaufen.

Unter der schwarzen Abaya
tragen Dubais Frauen mitunter
die neueste Mode. Deshalb haben
alle bekannten Modeschöpfer der
westlichen Welt hier gleich mehrere
Niederlassungen.

Das wachsende kulturelle Angebot Dubais bietet einheimischen Frauen die Möglichkeit, ihre Arbeiten einem breiteren Publikum vorzustellen und Vorurteile zu überwinden. Nayla Al-Khaja (rechts) ist die erste weibliche Filmproduzentin der Vereinigten Arabischen Emirate, hier zusammen mit ihrer Kollegin Farha Zafar (links) bei der Wüsten-Gala-Party am Ende des ersten Dubai International Film Festivals im Dezember 2004. Auf dem Festival wurde auch Al-Khajas Dokumentation über ihre Heimatstadt gezeigt.

Nachrichtenmoderatorin Hassinah Ochan (rechte Seite) spricht die Morgennachrichten beim neuen arabischen TV-Sender Al Aan Television in einem Studio in Dubai. Al Aan, Arabisch »jetzt«, ist eine der vielen TV-Stationen, die die arabische Welt mit Informationen versorgen. Das Besondere an dem jungen Sender: Seine Zielgruppe sind Frauen. Dass es für emiratische Fernsehmoderatorinnen jedoch nicht immer leicht ist, musste Nariman Al-Rostamani erfahren. Bereits im Alter von zwölf Jahren präsentierte sie TV-Shows, und obwohl sie inzwischen immer mehr Kolleginnen hat, spürt sie Widerstände in der Gesellschaft. Viele glauben, dass diese Arbeit gegen traditionelle Werte verstoße, zumal Nariman damals westliche Kleidung trug. »Es ist schon ungewöhnlich, als einheimische Frau im Fernsehen aufzutreten; das war ein großer Schritt für mich. Als ich zunehmend bekannter wurde und die Leute mich auf der Straße erkannten, wurden mir bisweilen auch Schimpfnamen hinterhergerufen.« Im Alter von 17 Jahren war sie kurz davor, den Job an den Nagel zu hängen, trat dann allerdings mit Abaya und Shayla (dem schwarzen Schal) auf. »Die Akzeptanz wurde besser, die Leute sahen mich als erwachsene Frau, die ihre eigene Kultur respektiert.«

Ob im traditionellen Beruf der Koranlehrerin, als Taxifahrerin, bei Polizei, Militär und mittlerweile in der Regierung, Dubais Frauen arbeiten in den unterschiedlichsten Berufen. Das kann bei der Suche nach dem geeigneten Ehemann zum Problem werden. »Wenn sie arbeiten möchte, habe ich damit kein Problem, aber das ist ermüdend. Sie kann sich nicht um mich, die Kinder oder den Haushalt kümmern. Nach einer Weile würde sie alles verlieren«, sagt zum Beispiel Salam Alakraf bedeutungsvoll und deutet an, dass er Trennung oder Scheidung meint. »Ich habe hart an meiner Karriere gearbeitet«, kontert Maria Hanif Al Qasimi, »und die werfe ich nicht einfach so weg.« Ihre Hoffnung sind Männer wie Fahad Qahtani. Er habe nichts gegen eine berufstätige Ehefrau, im Gegenteil. »Ich möchte, dass meine Frau etwas über das Leben weiß«, und schließlich, so witzelt er, »wenn sie müde nach Hause kommt, dann belästigt sie mich nicht mit trivialem Tratsch aus der Nachbarschaft.« Er sei sogar bereit, bei der Hausarbeit zu helfen, schließlich lebten beide gemeinsam im Haus, eine arbeitende Ehefrau bereichere das Leben und verdiene die Hilfe ihres Mannes.

Sie ist für viele Frauen Dubais ein Vorbild: Scheicha Lubna Al Qasimi, Mitglied der herrschenden Familie des Emirates Sharjah und seit 2004 Wirtschaftsministerin der Vereinigten Arabischen Emirate. Sie studierte Computerwissenschaften, Mathematik und Physik in den USA, kehrte in die Emirate zurück und leitete ein expandierendes Wirtschaftsunternehmen. »Ich glaube, dass die Geschwindigkeit der weiblichen Machtentfaltung in Zukunft noch rasanter vonstatten gehen wird.«

LUXUS-SPORT IN DUBAI

»Ich habe dich aus Wind geformt und Glück in deine Mähne geflochten. Du wirst ohne Flügel fliegen können und das edelste unter allen Tieren sein.« So steht es im Koran, doch nicht allein aus religiösen Gründen verehren Araber ihre Pferde und leisten sich heute unter anderem den Luxus von Flutlicht bestrahlten Grasrennbahnen. Die Tiere haben eine lange Tradition, bis Mitte des 20. Jahrhunderts besaßen viele Familien Arabiens Pferde, dann raffte ein Virus fast 80 Prozent des Bestandes dahin. Vor allem die Maktoums haben durch finanzielle Hilfen und Zuchtprogramme nicht nur zur Beseitigung der Krankheit beigetragen, sondern besitzen heute eines der wertvollsten Gestüte der Erde. Europäische Trainer, ausgeklügelte Speisepläne und regelmäßiges Training auch im eigens eingerichteten Pferdeschwimmbad bereiten nicht nur des Emirs Rosse auf die etwa 60 Rennen der Saison vor. Doch vor allem dem Dubai World Cup Ende März fiebern Rennstallbesitzer und Dubais Bevölkerung entgegen: Er ist das mit sechs Millionen Dollar Siegprämie höchstdotierte Rennen der Welt. Apropos Siegprämie: Nicht nur im Pferdesport hat sich Dubai inzwischen zu einem beliebten Austragungsort für internationale Wettkämpfe entwickelt, sondern zum Beispiel auch im Tennis, im Golf und vor allem im Motorsport.

Motorsport wird in den Emiraten großgeschrieben. Die Rennen haben beinahe Volksfestcharakter, denn zu jedem Event gehört ein Rahmenprogramm mit Konzerten und Shows.

Die meisten Sportveranstaltungen Dubais finden in der kühleren Jahreszeit von Oktober bis März statt. Während der heißen Sommermonate werden die sportlichen Aktivitäten auf die späten Abendstunden verschoben. Auf den Rennbahnen bereitet man Rennpferde und -kamele auf die kommende Saison vor und auch Golfparcours, Tennisplätze oder Dubais Motodrom (oben) werden von gigantischen Flutlichtanlagen taghell erleuchtet.

Damit die Zuschauer an Land mehr als nur kleine Punkte am Horizont sehen, sind bei jedem Powerbootrennen mehrere Kamerateams in Hubschraubern unterwegs, deren Bilder auf Großbildleinwände übertragen werden. Im Bild links folgen sie einem der erfolgreichsten Boote der vergangenen Jahre, der in Führung liegenden »Victory« aus den Emiraten.

Manchmal ist es kein Baulärm, der Dubais Badegäste von ihren Liegen aufschrecken lässt, sondern das ohrenbetäubende Dröhnen von Motoren. Die meisten schauen zunächst etwas irritiert, wenn sie mehrere niedrig fliegende Hubschrauber vor der Küste erblicken. Erst auf den zweiten Blick erkennen sie die über das Wasser rasenden Rennboote – wegen ihrer bis zu 1000 PS starken Motoren zu Recht Powerboot genannt. Wie bei der Formel 1 wird der Weltmeister der Class 1 in mehreren Rennen ermittelt, eines davon ist der hoch dotierte Dubai Grand Prix, und was für Deutschland Michael Schumacher, ist für die Emirate Saeed Al-Tayer, der aus Dubai stammende dreimalige Class-1-Weltmeister.

Laut wird es auch auf Dubais Autodrom (Bild links), wenn zum Beispiel das vorletzte Rennen der FIA-GT-Meisterschaft ausgetragen wird. Die vorab stattfindenden Trainingsläufe erfreuen sich ebenso großer Beliebtheit wie die Rennen selbst, denn hier kann mancher Kaufinteressent seinen Traumwagen, zum Beispiel einen Maserati, in Ruhe studieren. Die Rennen selbst sind ein Spektakel, bei dem man bisweilen vergessen könnte, in einem islamischen Land zu sein, so kurz sind die Röcke der Hostessen. Vor dem Start gibt es Modenschauen, Motocrossfahrer führen waghalsige Stunts vor und Fallschirmspringer gehen über dem Gelände nieder. Und während vor Dubais Wolkenkratzerkulisse anschließend die Reifen qualmen, sieht man vielleicht einen Araber am Informationsstand von Maserati stehen …

Dubai hat sich durch die aufwendig gestalteten »Greens« zu einem der beliebtesten Ziele für Golfer entwickelt. Ein Parcours schaffte es bereits unter die Top 100 der weltbesten Plätze.

»Wir freuen uns, Dubai als den wohl faszinierendsten Standort weltweit in Sachen Golf präsentieren zu können.« Mit dem »faszinierendsten Standort« dürfte Mohamed Buamin, Vizepräsident von »Golf in Dubai«, Recht haben, betrachtet man den Aufwand, den die Stadt betreibt, um Anfängern, Hobbygolfern und Spitzensportlern außergewöhnliche Spielmöglichkeiten bieten zu können. Die Verwandlung öder Wüstengegenden in sattgrüne Rasenplätze kostet Millionen, selbst wenn man keinen Stararchitekten für den Entwurf der Clubhäuser engagiert, wie es beim Emirates Golf Club der Fall war. Karl Litten platzierte gleich sieben verglaste »Beduinenzelte« an den Rand eines 70 000 m² großen Geländes, auf dem sich zwei 18-Loch Plätze befinden. Bei einem der Plätze bekam man wenigstens die Entwürfe frei (Herrscher-)Haus – von Scheich Mohammed persönlich. Beide Plätze müssen über ein 25 Kilometer langes Rohrleitungssystem und 700 computergesteuerte Sprinkleranlagen mit mehreren Millionen Litern Wasser täglich »grün« gehalten werden. Immerhin schafft man es damit, in die Liste der 100 besten Golfplätze weltweit aufgenommen zu werden. Doch der »Emirates« ist nur einer von etwa zehn Parcours, die es in Dubai derzeit gibt oder im Bau sind. Ein möglicher »Kandidat« wäre zum Beispiel der Dubai Creek Golf & Yacht Club im großen Bild, nicht nur wegen des markanten Clubhauses in Form eines Dhausegels.

Die Elite der Golfprofis gibt sich jedes Jahr im März anlässlich der Dubai Desert Classics ein Stelldichein. Auch Tiger Woods gehört dazu. Vor knapp 20 Jahren hätte er wohl kaum die Reise nach Dubai angetreten, und wenn doch, neben Schläger und Ball noch ein drittes Utensil im Gepäck gehabt: ein Stück ausrollbaren Kunstrasen, denn bis Ende der 1980er Jahre spielte man auch in Dubai noch auf Sand!

Er habe viel erlebt in seiner Karriere, sagte Andre Agassi nach seinem »Match« gegen Roger Federer, aber dieses sei ein besonderes Erlebnis gewesen. Kein Wunder, liegt der »Platz« doch in 211 Metern Höhe über dem Meeresspiegel und ist eigentlich der Hubschrauberlandeplatz des Burj al Arab-Hotels. Allerdings war es kein richtiges Match, vielmehr ein besonderer PR-Gag, um für die Austragung der Dubai Tennis Championship zu werben. Nebenbei: Da die Fahrstühle zahlenden Gästen vorbehalten sind und die Balljungen somit einen sehr langen Weg gehabt hätten, stellte das Hotel ausreichend Filzkugeln zur Verfügung.

TOURISMUS

TOURISMUS IN TAUSENDUNDEINER PRACHT

Verwunderlich ist es schon. In einem Land, dessen klimatische Verhältnisse seinen Bewohnern in der Vergangenheit einen eher gemächlichen Tagesrhythmus aufdrängte, geht heute beinahe alles in einem fast märchenhaft schnellen Tempo voran, dass die Welt mit Staunen kaum folgen kann. Noch vor zehn Jahren kannte fast niemand die nur sechs Flugstunden vom europäischen Winter entfernte Stadt, die heute zu einer der beliebtesten und bekanntesten Urlaubsdestinationen zählt. Aber es braucht mehr als 360 Sonnentage und weiße Strände, um sich die heiß umworbene Gunst der Gäste zu erobern. Dubai hat es mit prachtvollen Hotels, sagenhaften Restaurants und einem traumhaften Freizeitangebot geschafft.

Dubais Tourismusplanung
Welche Bedeutung der Tourismus für Dubai hat, wird allein an der Tatsache deutlich, dass Scheich Maktoum persönlich Vorstandsvorsitzender des DTCM ist. Hinter dem Kürzel versteckt sich nicht einfach ein Fremdenverkehrsbüro, das Dubai in der Welt repräsentiert. Seit seiner Gründung 1997 ist das Departement of Tourism and Commerce Marketing die zentrale Anlaufstelle für Baufirmen, Hoteliers, lokale und internationale Reiseveranstalter, wenn es um den planmäßigen Ausbau der touristischen Infrastruktur geht. Dazu gehört jedoch nicht nur der permanente Bau neuer Hotels und Freizeitparks. Das DTCM kümmert sich ebenso um die Schulung von Personal, das in den verschiedenen Bereichen der Tourismusindustrie arbeitet, um »die erstklassige Entwicklung mit erstklassigen Mitarbeitern auf allen Ebenen« zu garantieren.

Strandleben
Der öffentliche Palmenstrand im Stadtteil Jumeirah bietet alles, was das Urlauber-Herz begehrt. Im Hintergrund recken sich die Hochhaustürme an der Sheikh Zayed Road in den Himmel des Wüstenstaates. Im Bild unten ein Blick aus dem Hotel Madinat Jumeirah auf das Burj al Arab.

Vom Handelsplatz zum Touristenziel

Mitte der 1970er Jahre bestand die Stadt Dubai hauptsächlich aus einer Altstadt zu beiden Seiten des Creek, jenes 14 Kilometer langen Meeresarmes, an dessen Ufern die alten Holzschiffe festmachten und die Waren für die Märkte in Bur Dubai oder Deira löschten. Im Süden erstreckte sich der lange weiße Strand von Jumeirah. Im weichen Licht der untergehenden Sonne saßen die dort wohnenden Fischer im Sand und flickten ihre Netze. Die wirtschaftliche Entwicklung schritt schnell voran, doch die meisten ausländischen Gäste waren damals Geschäftsreisende, die in einer Handvoll mittelprächtiger Hotels Unterkunft fanden. Die meisten Passagiere der damals noch jungen Fluglinie Emirates nutzten Dubai als Zwischenstopp auf ihrem Weg nach Asien. Denn an Urlaub in dieser verschlafenen Ecke dachte kaum jemand, schließlich gab es nur zwei Strandhotels: eines im Niemandsland zwischen Dubai und Abu Dhabi, dessen Hauptklientel aus zwischenübernachtenden Stewardessen bestand, das andere war das Chicago Beach Hotel mit ganzen 600 Betten. Die reichten damals für die wenigen Gäste, die sich irgendwie nach Dubai verirrt hatten. Bernhard Ilmig, österreichischer Hotelveteran, der in seinen 37 Berufsjahren vieles erlebt hat, erinnert sich an die Reaktionen, als die Pläne für ein erstes Fünf-Sterne-Hotel veröffentlicht wurden. »Als Größenwahn und Angeberei hat man es verächtlich abgetan«, sagt er. »Wer in aller Welt – bzw. in Dubai – braucht denn schon ein Luxushotel und dann noch mit über 500 Zimmern?« Das würde sich nie im Leben rechnen, belächelten es die Pessimisten. Drei Jahre nach Fertigstellung des InterConti war es an den Besitzern, zu lächeln: Das Hotel erfreute sich einer täglichen Auslastung von 100 Prozent und hatte sich längst amortisiert.

Schleppender Anfang

Innerhalb kürzester Zeit folgten zwar drei weitere Spitzenhotels, doch nach wie vor waren es Herren in Anzug und Krawatte, die dort abstiegen. Denn die drei »S« – Sun, Sand and Sea, Sonne, Sand und Meer – hatten andere, sehr viel besser erschlossene Destinationen auch zu bieten. Doch da die Dubai regierende Maktoum-Familie wusste, dass die Ölmillionen in naher Zukunft ausbleiben würden, suchte sie nach Alternativen. Deshalb gründete sie 1990 das DTCM, das Departement of Commerce and Tourism Marketing, dessen Aufbau die erfahrene Tourismus-Managerin Mara Kaselitz übernahm, die es bis heute erfolgreich leitet. »Am Anfang stand der Auftrag der Herrscherfamilie: Weg vom reinen Ölgeschäft. Denn sie hatte schon damals erkannt, dass Dubais Ölvorkommen begrenzt sind. Also setzte man bereits vor 18 Jahren, als ich in Frankfurt mit dem Aufbau des Tourist Board angefangen habe, vorausschauend auf wirtschaftliche Diversifikation.«

Die ersten Jahre waren nicht leicht, sagt sie, die damals viel unterwegs war. Sie traf sich mit Managern der Hotel- und Tourismusindustrie, um »ihr« kleines, aber aufstrebendes Emirat vorzustellen. Klinkenputzen nennt man das umgangssprachlich. Neben einer schwachen Infrastruktur erschwerten ihr zusätzlich die beiden Golfkriege das Leben. Sollten die pessimistischen »Lächler« am Ende doch Recht behalten? »Zugegeben, wir sind mit dem Tempo eines Kamels gestartet«, sagt Frau Kaselitz heute, »aber mittlerweile fahren wir wie ein Porsche!«

Vom Aschenputtel zum Schneewittchen

Die meisten Gäste kommen heute mit dem Flugzeug nach Dubai, und wer am Fenster sitzt, blickt kurz vor der Landung über ein Lichtermeer, das sich fast bis zum Horizont erstreckt. In Jumeirah, wo vor kurzem nur Fischer lebten, schlägt heute das touristische Herz Dubais. Eine Glitzerwelt aus Fünf-Sterne-Hotels, Edelrestaurants und Freizeitanlagen. Aber wie macht man aus einem leeren Strand eine der meistbesuchten Badedestinationen der Erde? Man kümmert sich nicht um wirtschaftliche Weisheiten wie »Die Nachfrage bestimmt das Angebot«,

> **Bereits das erste Luxushotel in den 1970er Jahren wurde von vielen Kritikern als reiner Größenwahn belächelt.**

sondern schafft ein Angebot, zu dem niemand nein sagen kann. »Nehmen Sie das Luxushotel Burj al Arab, das ist einer der besten Werbeträger für Dubai. Seine markante Architektur in Form eines Segels im Meer sehen Sie in allen Zeitschriften, es ist ständig im Fernsehen«, erklärt Frau Kaselitz. Aber mit einem Superhotel ist es natürlich nicht getan, selbst wenn es sich zum Wahrzeichen entwickelt, und so entstand ihm gegenüber Madinat Jumeirah. Im Kern handelt es sich zwar »nur« um zwei Deluxe-Etablissements, doch das Drumherum ist so weitläufig, dass der Name »Stadt« – was Madinat aus dem Arabischen übersetzt bedeutet – durchaus angebracht ist. Die mit Dattelpalmen bepflanzte Gartenanlage durchzieht ein Kanal, auf dem kleine Holzboote verkehren. Diese bringen die Gäste zu den Restaurants, die auf den Dächern und in kleinen Gassen des im orientalischen Stils errichteten Marktes eingerichtet sind – dem »Suq Madinat Jumeirah«.

Nur Jet-Set?

In den vergangenen Jahren lud Dubai immer wieder Stars und Sternchen ein, deren Besuch natürlich durch die internationale Klatschpresse ging und so zur Steigerung des Bekanntheitsgrades beitrug. Und betrachtet man die Werbebroschüren Dubais, bekommt man schnell den Eindruck, dass es sich hier um ein neu errichtetes Millionärs-Resort des Mittleren Ostens handeln könnte. Namen von ehemaligen deutschen Tennis-Champions tauchen da auf, ein sechsmaliger Formel-1-Weltmeister bekommt zum Karriere-Ende eine der neu aufgeschütteten Inseln geschenkt und in den Medien wird vom teuersten Cocktail der Welt berichtet, der in Dubai zubereitet wird. Um keine Missverständnisse aufkommen zu lassen: Dubai ist kein billiges Backpackerziel. Aber der Strand von Jumeirah und die bereits bestehenden Freizeitanlagen sind nicht den Reichen dieser Welt vorbehalten – schon allein wegen der Einheimischen. Denn entgegen einem beliebten Vorurteil sind das nicht alles Großverdiener. Und auch Mara Kaselitz spürt nichts von einer Hemmschwelle, die Superlative und Luxusangebote erzeugen könnten. »Wir bekommen täglich bis zu 250 Anfragen von interessierten Konsumenten. Unser Bestreben ist es, diese mit sehr viel Engagement und Ehrlichkeit zu beantworten. Also von Hemmschwellen spüren wir überhaupt nichts.« Das ehemalige Chicago Beach Hotel wich einem Neubau in Form einer überdimensionalen Welle, der mit vielen Pools, Restaurants und Kinderbetreuung vor allem für Familienurlaub ausgelegt ist und dessen Nachbar nicht zufällig einer der größten Wasserfreizeitparks mit unzähligen Rutschen und nachgebauter Piratenküste ist. Tatsächlich fährt Dubai eine touristische Doppelstrategie: Sowohl Otto Normalverbraucher als auch der schwerreiche Geldadel sind willkommen und kommen auf ihre Kosten.

Problemlose Einreise

Auch in puncto Einreiseformalitäten geht Dubai eigene Wege. Schon lange gehören Passfoto und Visaantrag der Vergangenheit an, für die meisten Westeuropäer gibt es bei der Einreise einfach einen kostenlosen Stempel in den Reisepass. Aber damit nicht genug. Die Emirate haben zwar eine gemeinsame Außenpolitik, doch die einzelnen Scheichs haben sich ein hohes Maß an Autonomie vorbehalten und so ist es möglich, dass Dubai als einziges Emirat ein Abkommen auf gegenseitige Visa-Anerkennung mit dem Nachbarn Oman abschloss. Denn das Interesse an diesem Teil der arabischen Welt wächst, viele Touristen möchten mehr als nur die erwähnten drei »S« erleben, und da bietet Oman vor allem auf landschaftlichem und kultur-historischem Gebiet sehr viel.

Kultureller Reichtum

Das soll nicht heißen, Dubai habe keine kulturelle Vergangenheit, ganz im Gegenteil. Allerdings überwog bis Mitte der 1990er Jahre der Wunsch, Neues zu schaffen, bevor man Altes saniert. Doch wie Dubai nun mal ist – als das Problem erkannt war, dauerte es nicht lange und mit

erheblichem finanziellem Aufwand erstrahlten innerhalb kürzester Zeit sowohl die ehemalige Herrscherresidenz in Shindagha, als auch der »Große Markt« in Bur Dubai in frischem Lehm. Denn wenn andernorts auf modernste Ausstattung Wert gelegt wird, verwendete man bei der Sanierung nur historisches Baumaterial wie Korallengestein, Sand, Stroh und Lehm. Vor einem kleinen Dilemma standen die Architekten allerdings bei der Al-Fahidi-Festung. Sie erhebt sich mitten im engen quirligen Straßengewirr nahe dem Bastakiaviertel mit seinen kleinen Cafés und Kunstgalerien. Im Laufe der Jahre hatten sich so viele Ausstellungsstücke angesammelt, dass man nicht wusste, wie man diese in den kleinen Räumen präsentieren sollte. Weder Umzug noch Neubau kamen in Frage und so bekam die Festung eine Erweiterung, die man in Arabien selten sieht – ein Untergeschoss,

und zwar ein äußerst attraktives: Denn alte Waffen, Dolche und Küchenutensilien legte man nicht in leblose Vitrinen, sondern sie wurden Teil einer »lebendigen« orientalischen Stadt, wie sie Dubai vor dem Ölrausch war. Mit Hilfe lebensgroßer Puppen, Alltagsgeräuschen vom Band und sogar Duftdüsen sind verschiedene Szenerien nachgestellt, zum Beispiel »beim Barbier« oder »beim Schmied«.

Die alten Märkte

Fast völlig ohne die Segnungen der Moderne präsentiert sich das alte Dubai auf der östlichen Seite des Creek – in Deira. Es ist kaum vorstellbar, aber in einer Stadt, die sich demnächst mit dem höchsten Wolkenkratzer der Erde schmücken wird, legen noch alte Holzschiffe. Dhau genannt, an den Kais dieses Viertels an. Einfache Pappschilder und nicht vollelektronische Anzeigetafeln verkünden ihre Zielhäfen, per Hand werden sie beladen. Stoffballen, Kartons unbekannten Inhalts, Autoreifen, Plastikstühle oder Kilopackungen Spaghetti verschwinden in den dickbäuchigen Schiffen oder werden an Deck gestapelt und obendrauf passt auch noch das ein oder andere Auto. Dafür steht natürlich ein Kran bereit. Nur ein paar Gassen weiter duftet es nach frischen Gewürzen, Pfeffer, Ingwer, Muskatnüssen, Safran, Weihrauch und Myrrhe, ein paar alte Männer sitzen vor ihren kleinen Läden und scheinen alle Zeit der Welt zu haben, während die Lastenträger ihre voll beladenen Karren durch das Gewühl steuern, und irgendwie spürt man hier noch etwas von diesem flüchtigen Charme der Vergangenheit. Mittendrin, sozusagen das Herz von Deira: der Goldsuq. Hierher kommen sie fast alle, Einheimische und Touristen, keine Straße hat so viele Besucher wie diese knapp 300 Meter lange Gold-Allee.

Während der Mittagszeit holt Deira kurz Luft, um mit einbrechender Dunkelheit, wenn die Hitze des Tages langsam aus den überdachten Gassen weicht, die scheinbar verlorene Zeit wieder einzuholen.

Wenn es Nacht wird in Dubai

Nach Sonnenuntergang beginnen die Schaufenster im flackernden Licht der Neonröhren zu leuchten, dann flanieren Familien mit Kindern durch die Gassen, verstopfen Touristen, Radfahrer, Lkw, Taxen und Pkw die schmalen Straßen und machen den Lastenträgern das Leben schwer. In den Cafés am Ufer des Creek genießen Araber in weißer Tracht eine Wasserpfeife, auf dem Creek ziehen Restaurantschiffe ihre Bahn, dazwischen tuckern die alten hölzernen Wassertaxen geschäftig hin und her, vor einer beleuchteten Skyline, die sich in den kräuselnden Wellen spiegelt. Mondäner geht es in den edlen Restaurants der Stadt zu. Die Emirates Towers

In Dubai wird jeder Gast zufrieden gestellt, sei es Otto Normalverbraucher oder High-Society und Geldadel.

an der Sheikh Zayed Road bitten exklusiv im 50. Stockwerk zu Tisch, in Jumeirah ragt ein Restaurant-Pier in die leichte Brandung und während der Kellner frische Meeresfrüchte serviert, hört man das leise Rauschen der Wellen unter seinen Füßen. Ein besonders romantisches Erlebnis ist das Candle-Light-Dinner zu zweit – auf einer Düne in den Ausläufern des »Leeren Viertels«, der arabischen Sandwüste Rub al Khali. Ob Arabisch, Indisch, Chinesisch, Thai oder Mongolisch – Dubai bietet eine Auswahl internationaler Küche an ungewöhnlichen Orten, die es einem sehr schwer machen kann, sich zu entscheiden.

Nach dem Dessert ist man schon lange nicht mehr auf die Hotelbar angewiesen, um noch einen gemütlichen Drink zu sich zu nehmen, denn Dubais Nachtleben kann sich mittlerweile nicht nur sehen, sondern auch hören lassen. Es gibt ausgesucht schöne Musikkneipen, wo keine billige Band die Hits der 1950er Jahre in ihrem Synthesizer gespeichert hat, sondern bekannte Künstler zum Beispiel aus der Jazz-Szene spielen. Darüber hinaus taucht die Golfmetropole zunehmend in den Tourprogrammen der Superstars aus Rock und Pop auf, denn Dubais Jugendliche sind ein zahlungskräftiges Publikum.

Per Schiff nach Dubai

Kreuzfahrten zählen innerhalb der Touristikbranche zu den Bereichen mit stetigen Zuwachszahlen. Touristik-Reedereien weltweit haben auf ihren Routen mittlerweile einen Abstecher in den Persischen Golf eingeplant, keine Selbstverständlichkeit, denn sie müssen mit ihren immer größer werdenden Schiffen durch ein Nadelöhr: die Straße von Hormuz. Die Durchfahrtgebühr in dieser vielbefahrenen Meerenge ist exorbitant, trotzdem errichtete Dubai vor wenigen Jahren einen neuen Terminal, um die Einreiseformalitäten seiner per Schiff anreisenden Besucher schneller abwickeln zu können. Für Schiffsliebhaber ist ein weiterer touristischer Superlativ, dass der legendäre Luxusliner Queen Elizabeth 2 von Dubai gekauft wurde. Die Königin der Meere wird nach einem aufwendigen Umbau allerdings nicht mehr auf große Fahrt gehen, sondern als schwimmendes Hotel der Extraklasse an der Jumeirah Palme ankern (Bild oben, Computergrafik mit der Queen Elizabeth 2; Bild linke Seite, Dhaus am Dubai Creek).

Drei »S« sind nicht genug

Es mag überraschen, aber zu »Sun, Sand and Sea« kommen noch mindestens Schlittschuhlaufen, Schlittenfahren und Skifahren hinzu. Ein wenig erinnerten die ersten

Reaktionen auf die Ankündigung Dubais, eine Skihalle zu bauen, an die Erzählung des Hoteliers Ilmig und dem ersten Fünf-Sterne-Hotel. Doch die Halle steht, darin die längste Indoor-Skipiste der Erde, die sich stei-

Traum eines jeden Architekten auf der ganzen Welt : Entwerfen und Bauen, ohne die Kosten im Auge behalten zu müssen

gender Besucherzahlen erfreut. Über Rentabilität und Amortisierung schweigt man sich zwar aus, aber wen interessiert das in Dubai — nur die Pessimisten. Sport wird großgeschrieben am Golf, sei es aktiv oder passiv. Letzteres meint die internationalen Turniere der Spitzenklasse zum Beispiel im Tennis oder Golf, die regelmäßig Zuschauer aus der ganzen Welt anlocken. Oder die Wüstenrallye zwischen Dubai und Abu Dhabi. Bei der dürfen zwar nur Profis an den Start, doch gibt es in Dubai mittlerweile Wüstenfahrschulen für Touristen. Bei einem Ausflug in die Dünen lernt man dann recht schnell, wie anstrengend es ist, einen festgefahrenen Geländewagen freizuschaufeln bzw. gar nicht erst »in den Sand zu setzen«.

Eigentlich müsste über das Thema Wassersport in Dubai kein Wort verloren werden, denn es versteht sich fast von selbst, dass alle Arten vom Segeln bis zum Schnorcheln möglich sind. Aber in Dubai ist man nun mal bestrebt, über das Selbstverständliche hinaus zu gehen — also soll es demnächst die Möglichkeit zum Schatztauchen geben: In einem kleinen Unterwasserrevier nahe der Küste werden kiloschwere Goldbarren versteckt und gegen eine »etwas« erhöhte Tauchgebühr darf der Glückliche seinen Fund selbstverständlich behalten.

Ob es die geschmeidigen Hände der Masseure oder die ausgesuchten Massageöle sind, sei an dieser Stelle einmal dahingestellt — um Körper und Seele zu entspannen buchen immer mehr Menschen einen Wellness-Urlaub und Dubai beherbergt gleich drei der weltbesten Wellness-Ressorts, wie kürzlich die »Leading Hotels of the World« bestätigte. Das Angebot reicht von türkischen Bädern über Ayurveda-Massagen bis hin zu der besonderen »Wild Earth Treatment« mit eigens aus Tibet importierten Produkten.

Dubai im Sommer
Die beste Jahreszeit für einen Urlaub ist natürlich der europäische Winter und nicht wenige flüchten vor Schmuddelwetter und Kälte unter die wärmende Sonne

Dubais. Von November bis März sorgt sie mit mediterranen Temperaturen für Wohlbefinden. In den Nächten kühlt es zwar ein wenig ab, aber selbst für kurze Campingtouren in die Gegend rund um Dubai oder Off-Road-Rundreisen mit Wüsten- und Bergübernachtungen durch die Emirate sowie das benachbarte Oman braucht man nur einen wärmeren Pullover und genug Holz für ein schönes Lagerfeuer. In den heißen Monaten ist das bei 30 Grad Celsius um Mitternacht und hoher Luftfeuchte allerdings kein so schönes Vergnügen mehr, zumal die Sonne tagsüber das Quecksilber auf 45 Grad und mehr steigen lässt. Trotzdem kommen immer mehr Gäste auch zu dieser Jahreszeit. Wen wundert's, ist auf den europäischen Sommer doch längst kein Verlass mehr und Dubai bietet ausreichend klimatisierte Museen, Sporthallen und Einkaufszentren. Aber weil es nun mal die Nebensaison ist, locken die Hotels mit günstigen Zimmerpreisen. Selbst das Wahrzeichen der Stadt wird dann erschwinglicher und bisweilen finden sich auf dem europäischen Reisemarkt Urlaubsangebote, die als Krönung eine Nacht im Burj al Arab beinhalten, die man bei der Hitze eigentlich auch viel besser genießen kann!

Ein Blick in die Zukunft
Alles in allem betrachtet ist Mara Kaselitz sehr stolz auf das bisher erreichte, selbst wenn ihr — und angesichts der massiven Bautätigkeiten mag man das kaum glauben — die immer noch zu geringe Hotelkapazität ein Dorn im Auge ist. Aber die Zuwachszahlen der Besucher aus aller Welt sprechen eine deutliche Sprache. Doch das ist kein Grund, sich auf den Lorbeeren auszuruhen: »Die Erfahrung lehrt, dass man mit der Werbung nicht aufhören darf, wenn es gut läuft. Im Gegenteil: Man muss weitermachen.« Und der Dorn im Auge wird hoffentlich immer kleiner. Bis 2010 sollen 51 neue Hotels mit insgesamt 60 000 Betten dazu beitragen. Wie es scheint, wird nach gemächlichem Kamelstart und zügigem Porsche-Tempo eine neue Gangart fällig. »Jetzt ist es Zeit für die Jet-Geschwindigkeit!«

Dinner in der Wüste
Für viele Touristen ist ein Ausflug in die Wüste ein ganz besonderes Erlebnis. Erfahrene Reiseleiter bieten Wüsten- oder Trekking-Touren, Rundreisen mit Geländewagen oder auch Ballonfahrten über die Emirate an.

Luxus-Hotel Atlantis
Im September 2008 eröffnete der riesige Hotelkomplex Atlantis, The Palm auf »The Palm Jumeirah«, einer der künstlich errichteten Palmeninseln Dubais. Die spektakuläre Luxusherberge verfügt über mehr als 1500 Zimmer und Suiten. Eine Einkaufsmeile, Freizeiteinrichtungen, Aquarien, Spa- und Wellnessbereiche und selbstverständlich Restaurants der Extra-Klasse stehen den Touristen zur Verfügung. Die Kosten für die Errichtung des Hotels sollen bei rund 1,5 Milliarden Dollar liegen.

Moschee-Besuch

Da man eine Störung der Gläubigen beim Gebet vermeiden möchte, sind Dubais Moscheen für Touristen nicht zu besichtigen. Bis auf eine schöne Ausnahme: die im Mamluckenstil errichtete Jumeirah-Moschee (links). Ihre beiden schlanken Minarette bilden vor dem blauen Himmel einen dezenten Rahmen für die massive, aber nicht dominante Kuppel und selbst Laien fallen die harmonischen Proportionen ins Auge. Als Vorbild diente die im Fatimidenstil errichtete, allerdings sehr viel größere Mohammed-Ali Moschee in Kairo. Wohl auch als Folge der Anschläge vom September 2001 gründete Dubai das Scheich Mohammed Centre for Cultural Understanding und öffnete die Moschee für ausländische Besucher (Bild unten, Touristenführung). Jamilah, eine junge Frau aus Dubai, die »unsere« Führung leitet, regt nach den Erklärungen noch eine Diskussionsrunde an: »Die Gäste sollen die Möglichkeit haben, Fragen zu stellen, damit sie unsere Kultur und Religion besser verstehen können«, sagt sie. Eine bessere Möglichkeit gibt es wohl kaum.

Reisen im Fastenmonat Ramadan?

Warum denn nicht. Zwar wird auch von Ausländern erwartet, dass sie sich in der Öffentlichkeit mit Rauchen, Trinken und Essen zurückhalten, obwohl es gerade in den heißen Sommermonaten nicht leicht ist, den ganzen Tag ohne einen Schluck Wasser auszukommen. Die Restaurants in der Stadt sind natürlich geschlossen, aber die internationale Hotellerie hat sich längst darauf eingerichtet, auch nach Sonnenaufgang ein üppiges Frühstücks- oder Mittagsbuffet anzubieten, sei es in den oberen Etagen oder hinter zugezogenen Vorhängen.

Dubai bei Nacht dauert während des Fastenmonats noch länger, denn man verlegt viele Aktivitäten einfach in die Zeit nach Sonnenuntergang. Am Ende des Ramadan steht das große Fest des Fastenbrechens an und da es auch in Dubai Sitte ist, sich dafür neu einzukleiden und seinen Kindern Geschenke zu machen, haben die Geschäfte mindestens bis Mitternacht geöffnet.

NIGHTLIFE IN DUBAI

Als wäre das Lichtermeer der Straßen und Wolkenkratzer noch nicht genug, gehören aufwendige Feuerwerke mittlerweile zu jeder größeren Veranstaltung in Dubai, sei es anlässlich religiöser Feiertage, dem Nationalfeiertag Anfang Dezember oder dem einmonatigen Dubai Shopping Festival im Frühjahr. Bei Letzterem wird extra eine Plattform im Creek versenkt, von der aus alle drei Tage ein viertelstündiger Raketenzauber den Meeresarm und die Altstadt illuminiert. Die Stadt weiß sich zu inszenieren, sowohl für seine Einwohner als auch für seine Gäste. Denn sie will mehr sein als nur ein Sonnenreiseziel. Hatte man vor ein paar Jahren nur die Wahl zwischen Hotelrestaurant und Imbissbude am Straßenrand, sorgen heute kulinarische Tempel mit internationaler Auswahl, schummrig beleuchtete Bars, Jazzkneipen, Sport- und Kulturveranstaltungen, Tanzbars und Diskotheken für Kurzweil. Manche sprechen schon vom Las Vegas des Mittleren Ostens – mit einem Unterschied. Es gibt keine Spielcasinos!

Man nehme einen 55 Jahre alten Whisky aus der limitierten Lalique-Edition, dazu etwas von einer deutschen Firma exklusiv hergestelltem »Dried Fruit Bitter«, Maracujazucker, kühle den Cocktail mit Eiswürfeln aus schottischem Edelwasser mit Hotel-Gravur und serviere ihn in einem Glas aus Baccarat-Kristall mit 18-karätiger Goldverzierung. Umgerührt wird er übrigens mit einem Stab aus dem Holz eines originalen Macallan-Sherry-Fasses. Natürlich darf man das Glas behalten. Nach dem Genuss wird es in einer noblen Edelholzkiste sicher verstaut und samt Zertifikat überreicht. Denn angeblich können nur zehn dieser Cocktails hergestellt werden. Sein Name: 27 321 – die Zahl steht für den Preis in der Landeswährung Dirham (rund 6000 Euro) und symbolisiert den Ort der Zubereitung: die Skyview Bar im 27. Stock des Burj al Arab (links im Bild) sowie die Höhe des Hotels.

Während die Eiswürfel im teuersten Cocktail der Welt (siehe Text oben) noch das günstigste an diesem Getränk sein dürften, gehören sie in Dubais Chill-out-Bar (siehe rechte Seite, kleines Bild) eher zu den teuren Accessoires. Denn sie kommen nicht in den Drink, sondern bilden Wände, Sitzgelegenheiten und Vorhänge. Es ist natürlich nicht irgendein Eis, vielmehr muss es extra aus Kanada geliefert werden – gut 40 Tonnen zum Preis von zwei Millionen Euro. Selbst die Tabletts der Kellner sind aus Eis, auf denen sie beispielsweise einen »Asian Mount Everest« servieren – in Bechern aus Eis. Deshalb tragen sie Handschuhe, und für Gäste des kühlen Vergnügens ist im Eintrittspreis neben einem Getränk auch warme Kleidung inklusive. Ob sich die Bar allerdings einer arabischen Stammkundschaft erfreuen wird, ist zweifelhaft, denn den meisten ist es schlicht zu ungemütlich, und europäische Gäste werden sich wohl lieber in lauen Sommerabenden in eine Bar an Dubais Marina setzen und den Blick auf die gigantische Kulisse genießen.

Zu einem Gedränge wird es in der Chill-out-Eisbar nicht kommen, denn mehr als 25 Besucher gleichzeitig werden nicht eingelassen – durch die Körpertemperatur könnten Tische und Stühle dahinschmelzen.

Natürlich haben längst Ghettoblaster und HiFi-Anlagen Einzug in Dubai gehalten. Doch die alten Gesänge sind noch sehr präsent, denn früher sang man viel, um sich die harte Arbeit zu erleichtern. Jeder Beruf hatte seine eigenen Melodien und Rhythmen und eine besondere Gelegenheit boten natürlich gesellschaftliche Ereignisse wie Hochzeiten, Geburten oder religiöse Feiertage. Heute können Besucher während des Nationalfeiertages oder während des vierwöchigen Dubai Shopping Festival im Heritage Village in Shindagha diese Musik erleben.

Interessant ist das Nachtleben Dubais nicht nur wegen der vielen Bars, Cafés und Restaurants mit kulinarischen Angeboten aus aller Welt, es gibt auch den Blick frei auf die sich verändernden gesellschaftlichen Verhältnisse. Zwar sitzen die Männer immer noch gern »unter sich« bei einer Wasserpfeife zusammen, spielen Karten, musizieren oder trinken einfach nur Tee, aber auch immer mehr Frauen nehmen am nächtlichen Leben teil. Zu zweit, zu dritt oder im großen Freundeskreis gehen sie gemeinsam aus, sei es ins Restaurant oder ins Café wie zum Beispiel im alten Herrscherviertel Shindagha (Bild oben). Wo vor wenigen Jahren die Ruinen der ehemaligen Maktoum-Residenz den Kindern der Nachbarschaft als Abenteuerspielplatz dienten, erstreckt sich heute eine der schönsten Flaniermeilen der Stadt. Besonders stimmungsvoll ist die Atmosphäre kurz vor Sonnenuntergang, wenn die Fassaden der Wolkenkratzer das weiche Licht reflektieren, die Wassertaxen ihre kleinen Glühbirnen anknipsen und geschäftig über den Creek tuckern, die Möwen kreisend alles von oben beobachten und der Muezzin die Szenerie mit seinem weich über das Wasser hallenden Ruf zum Gebet einhüllt.

Sich einmal wie der berühmte Lawrence von Arabien fühlen und auf dem Kamel durch die Wüste reiten – natürlich wird auch das in Dubai ermöglicht. Zwar ist das zum Emirat Dubai gehörende Wüstengebiet nicht annähernd so groß wie das von Lawrence bereiste Gebiet, aber genauso schön. Lawrence soll angeblich einmal an einem einzigen Tag die Strecke von 180 Kilometer auf dem Kamel zurückgelegt haben. Manch einem Touristen reicht die Schaukelei bereits nach einer halben Stunde ...

In den frühen Morgenstunden zeichnet die Sonne einen orangefarbenen Streifen an den Horizont, die ersten Konturen werden sichtbar, und ein faszinierendes Spiel aus Licht und Schatten beginnt. Doch schon bald wird das Licht immer greller und schmerzt in den Augen der Europäer, die ohne Sonnenbrille unterwegs sind. Alles Leben kommt zur Ruhe, verkriecht sich, wo immer Schatten ist, und wartet darauf, dass die glühende Scheibe wieder herabsinkt. Erst am späten Nachmittag lässt die trockene Hitze langsam nach, das Licht wird weicher, die Dünenberge wechseln ihre Farbe von fast grellem Weiß in ein sanftes Orangerot. Das ist die richtige Zeit, im Zwei-Schritte-vor-einen-zurück-Modus eine der hohen Sanddünen zu erklimmen. Oben angekommen, heißt es, hinsetzen, Luft holen, um dann eine einmalige Stille zu genießen, das eigene Blut in den Ohren rauschen zu hören, während die Dünen immer längere Schatten werfen und dann in einem goldenen Rotbraun ein letztes Mal aufleuchten.

FASZINIERENDE NATUR

Das Emirat Dubai ist zwar nur knapp 4000 km²
groß, dennoch findet man innerhalb seiner
Grenzen die unterschiedlichsten Naturräume.
Dazu gehören die verwehten Dünenausläufer
des Leeren Viertels ebenso wie ein schmaler
Abschnitt des Hajargebirges. Und natürlich
die Küste des Persischen Golfes. In all diesen
Naturräumen lebt und gedeiht eine unerwartet
reiche Anzahl an Tieren und Pflanzen, die
sich im Laufe der Jahrhunderte an das karge
Leben angepasst haben. Sie entwickelten die
unterschiedlichsten Mechanismen, um in der
subtropischen Zone, in der Dubai liegt, mit
wenig Wasser in großer sommerlicher Hitze zu
überleben.

Anstrengendes Klima

»Eine Wolke zieht sich zusammen, Regen fällt, die Menschen leben; die Wolke löst sich auf, ohne Regen zu spenden, und Mensch und Tier sterben«, heißt es im Prolog zu einem Reisebericht aus den 1940er Jahren. Dubais Klima verführt heute Millionen Touristen zur Flucht vor europäischem Schmuddelwetter, doch in der Vergangenheit stellte es Mensch und Tier vor harsche Bedingungen. Das Emirat liegt in einer subtropischen, ariden Klimazone, an fast 360 Tagen im Jahr brennt die Sonne von einem klarem Himmel herab. Jahreszeiten gibt es nicht, nur unterschiedliche Temperaturen zeigen den Wechsel von Sommer auf Winter an.

In den besonders heißen Monaten von Juli bis August kann das Quecksilber auf über 45 Grad im Schatten klettern und wer am Abend auf Abkühlung hofft, sieht sich angesichts von 28 Grad um Mitternacht enttäuscht. Während im Landesinneren die trockene Hitze relativ erträglich ist, kommt an der Küste noch eine kreislaufbelastende Luftfeuchtigkeit von bis zu 95 Prozent hinzu. Die kühleren Wintermonate von Oktober bis März lassen Mensch und Natur aufatmen und schenken dem ausgedörrten Erdboden manchmal den ersehnten Regen. Doch der fällt unregelmäßig, mal sind es 80 l/m², mal nur ganze zehn Liter im Jahresdurchschnitt – das ist fast nichts im Vergleich zu Deutschland, wo jährlich etwa 700 l/m² niedergehen. Dubais Regen fällt meist in kurzen, dafür sehr heftigen Schauern mit dramatischen Auswirkungen: die sonst trockenen Täler des Hajargebirges verwandeln sich innerhalb kürzester Zeit in reißende Flüsse, die immer wieder Todesopfer unter Einheimischen und Touristen im Geländewagen fordern, die die Gefahr unterschätzen. Aus den Sanddünen rund um Dubai sprießen innerhalb weniger Tage zarte Grashalme und kleine Büsche treiben in bunten Blüten aus. In der Stadt Dubai führen die Regengüsse zu einem Verkehrschaos, denn die Kanalisation ist hoffnungslos überfordert, Straßen und Unterführungen werden überschwemmt und bringen den Verkehr zum Erliegen.

Lebendige Küste

Vor der Haustür Dubais erstreckt sich der Persische Golf, dessen kristallklares Wasser eine erstaunlich reichhaltige Unterwasserwelt beheimatet. Dazu gehören Korallenriffe, Oktopusse, seltene Meeresschildkröten und Stachelrochen. Keine Gefahr für Badegäste sind Haie, denn die gefürchteten Räuber leben hauptsächlich an der Ostküste der Emirate und tauchen nur selten vor Dubais Stränden auf. Delfine hingegen ziehen hin und wieder in größeren Schulen an Dubais Stränden vorbei. Vom Aussterben bedroht ist die Seekuh oder Dugong, von den Arabern fantasievoll »Arous Al-bahr« – die Braut des Meeres – genannt. Sie ist ein friedlicher Pflanzenfresser und ernährt sich hauptsächlich von Seegras, das im Küstenbereich in nur zwei bis fünf Meter Tiefe wächst. Manchmal fallen Strandbesuchern seltsame kleine Sandpyramiden auf, die von fleißigen Krabben beim Ausheben ihres Schlupflochs aufgeschüttet wurden und in das sie sofort verschwinden, sobald sie eine Erschütterung spüren.

Von der Küste zieht sich der Dubai Creek etwa zwölf Kilometer ins Landesinnere und versickert am Ende in einer Sumpflandschaft, die Heimat für zahlreiche Vögel ist. Hier leben Kraniche, Reiher, Enten und Flamingos einträglich nebeneinander. Insgesamt haben Ornithologen 400 verschiedene Arten im Emirat ausfindig gemacht, darunter auch Spatzen, Tauben, Möwen und Papageien.

Schaffung neuer Naturräume

Zunächst sollte es nur eine Palmeninsel werden, doch als deren Appartements und Luxusvillen beinahe über Nacht verkauft waren, schien es wie selbstverständlich zu sein, einfach zwei weitere und größere vor der Küste aufzuschütten. Denn an Platz mangelt es in Dubai nicht. Als jedoch im Sommer 2008 die erste Palme fertiggestellt wurde, zeigten sich unvorhergesehene Probleme. Die natürliche Wasserzirkulation zwischen den »Palmzweigen« ist unterbrochen, tagelang steht das Meer in kleineren Buchten. Bei sommerlichen Temperaturen über 40 Grad sind die Folgen deutlich spürbar: Es stinkt zum Himmel. Doch es ist nicht der Geruch allein. In diesen Tümpeln gedeihen Algen und entziehen anderen Meeresbewohnern und Pflanzen den lebenswichtigen Sauerstoff. So wie an einer Stelle die Strömung unterbrochen ist, tritt sie an anderer Stelle ungewöhnlich stark auf. Es muss für Dubais Urlauber ein etwas ungewöhnlicher Anblick gewesen sein, als Kolonnen von Lastwagen am Strand auftauchten und an einigen Stellen Sand abschütteten, weil er zuvor weggeschwemmt worden war.

Aber man sollte Dubais Regenten nicht gleich in Bausch und Bogen verurteilen, denn erstens hat sich noch niemand vor ihnen an solch gewaltigen Bauprojekten versucht, zweitens schaffen sie dadurch auch neue Naturräume und drittens kann man ihnen keine Umwelt-Ignoranz vorwerfen. Bereits 1974 unterzeichneten die Emirate die »Internationale Konvention zum Schutz bedrohter Arten in Flora und Fauna«, Dubai richtete in den Sumpfgebieten am Ende des Creek, dem ins Landesinnere ragenden Meeresarm, ein Vogelschutzgebiet ein und erließ strenge Jagdgesetze. Und dass man Naturschutz mit Kommerz durchaus verbinden kann, bewiesen sie mit einem außergewöhnlichen Hotelprojekt, der ersten ökologischen Bungalow-Anlage des Landes.

Die Zerstörung der Unterwasserwelt spielt sich in Dubai nicht im Verborgenen ab: Wer in den frühen Morgenstunden einen Strandspaziergang macht, kann beobachten, wie tote Fische in Massen am Ufer aufgesammelt werden.

Stille Wüstenwelt: Eidechse und Sodomsapfel

Nach alter Beduinenweisheit erschuf Allah die Wüste als einen Garten, aus dem er alle Tiere und Pflanzen entfernte, um sich ungestört erholen zu können. Aber wie das mit alten Weisheiten so ist, sie stimmen nicht ganz. Bei einem morgendlichen Spaziergang, wenn der Sand vom Morgentau noch ein wenig feucht ist und Wind und Sonne die Spuren der Nacht noch nicht verwischt haben, offenbart sich auch dem Laien eine unglaubliche Vielfalt an Lebewesen. Käfer, Eidechsen und Wüstenfüchse gehören ebenso dazu wie Spinnen, Skorpione oder Schlangen. Bei Letzteren handelt es sich meistens um Vipern, deren Spuren hie und da auf die kleinen Tapsen einer Springmaus treffen – und manchmal hört die Mäusespur an diesem Treffpunkt unvermittelt auf.

Ein paar Pflanzen ließ Allah ebenfalls in der Wüste stehen. Denn hie und da sprießen kleine Büsche und Gräser aus dem Sand hervor, die für den Europäer alle gleich aussehen mögen, doch viele Emiratis der älteren Generation kennen die einzelnen Arten sehr genau. Denn aus den Blüten und Blättern der verschiedenen Pflanzen gewannen sie ihre Medizin gegen Magen-, Kopf- oder Halsschmerzen. In Dubais subtropischem Klima gedeihen trotz geringer Niederschläge auch Sträucher und Bäume. Sie geben sich mit den wenigen im Wüstenboden vorhandenen Nährstoffen zufrieden, wie der Sodomsapfel, aus dessen giftig-milchiger Flüssigkeit die Beduinen eine Art Rheumapaste herzustellen wussten. Oder sie haben lange Wurzeln wie die Akazien, die tief in die Erde eindringen, um sich mit Feuchtigkeit zu versorgen.

Al Maha – das erste ECO-Hotel Dubais

Etwa 50 Kilometer südöstlich der Stadt erstreckt sich ein breiter Dünengürtel über den Horizont, in dessen Mitte sich ein 225 km² großes Naturschutzgebiet befindet. Der südafrikanische Ökologe Tony Williams machte die Maktoum-Familie auf die Möglichkeit aufmerksam, heimische Tierarten wie Gazellen und Oryx-Antilopen an diesem Ort anzusiedeln und zugleich eine exklusive Besucherlodge zu errichten. Aus dieser Idee entstand die erste – und bisher einzige – ökologische Bungalow-Hotelanlage Dubais. Die wenigen Gäste – maximal 80 Personen pro Nacht – genießen von ihrer noblen, einem Beduinenzelt nachempfundenen Unterkunft mit eigenem kleinem Pool einen ungestörten Blick in die Wüste und auf die in der Nähe angelegten Wasserlöcher. Natürlich mussten für diesen Luxus einige Zugeständnisse gemacht werden, dennoch besitzt das Hotel Vorbildcharakter. Seine Wasserversorgung wird durch ein natürliches Regenreservoir sichergestellt, das Brauchwasser gereinigt und zur Pflanzenbewässerung verwendet. Solarzellen liefern die notwendige Energie, Abfall wird so weit es geht vermieden und die anfallende Wäsche mit 100 Prozent abbaubaren

Grüner Teppich überzieht die Dünen

Viele Pflanzen haben unglaubliche Fähigkeiten entwickelt, die langen Dürreperioden in Dubais Wüsten zu überstehen (Bild oben, Wüstenhotel Al Maha). Bis zu 15 Jahre können verschiedene Samen knapp unterhalb der Sandoberfläche verborgen liegen, um nach einem etwas kräftigeren Regenschauer zu keimen. Dann überzieht ein grüner Teppich die Ebenen und Dünenhänge. Es ist jedes Mal aufs Neue ein wunderbares Naturschauspiel. Gegen die sich ausbreitende »Nutzung« der Wüste als Rennstrecke und Spielplatz sind die jungen Triebe allerdings machtlos. Das bei Einheimischen und Touristen so beliebte Befahren der Dünen, »Dune-Bashing«, mit dem Geländewagen oder Quadbikes richtet erhebliche Schäden in der sensiblen Pflanzenwelt an. Frei übersetzt lässt sich »to bash« nämlich mit »zerstören« wiedergeben: Die Triebe werden von den Reifen zerquetscht, die Samen tiefer in den Boden gedrückt und erhalten dann bei Regen nicht mehr genug Feuchtigkeit.

Die Dattel als Medizin

Datteln enthalten fast 50 verschiedene Mineralien und Spurenelemente – darunter Kalzium und Eisen – und ihr Vitamingehalt ist so hoch, dass bereits acht Früchte pro Tag den menschlichen Bedarf abdecken. Ihr hoher Zuckergehalt sorgt sowohl im getrockneten Zustand als auch frisch gepflückt für eine lange Haltbarkeit, weshalb zum Beispiel arabische Seeleute nicht unter der Vitaminmangelkrankheit Skorbut leiden mussten wie ihre europäischen Kollegen. Zusammen mit anderen Ingredienzien fanden Frucht und Kern auch als Heilmittel Verwendung. Eine Paste aus Dattelmus, zerriebenen Kernen, Bienenwachs und Myrrhe half bei geschwollenen Gliedmaßen, gegen ständiges Niesen half ein wenig Dattelsaft in die Nase geträufelt. Sogar gegen Haarausfall gab es ein Rezept: Der Huf eines Esels, der Knochen eines Hundes und ein paar Dattelkerne sollten demnach mit ordentlich Fett zu einer Paste verkocht und auf die betroffenen Stellen aufgetragen werden. Leider sind keine Erfolgsmeldungen erhalten geblieben. Zweifellos nachgewiesen hat die moderne Forschung inzwischen eine heilende Wirkung von Dattelextrakten und geht derzeit der Frage nach, ob die Früchte auch für die auffallend niedrige Zahl an Krebserkrankungen in Arabien verantwortlich sind.

Waschmitteln gereinigt. Die Gäste haben außerdem die Möglichkeit, unter Leitung von Naturschützern eine Führung durch diesen Garten Allahs zu unternehmen.

Umm al Faqir – Mutter der Armen

Mit dieser ehrenvollen Bezeichnung ist nicht etwa eine barmherzige Person gemeint, sondern eine Pflanze, die über Jahrtausende das Überleben auch der ärmeren Bevölkerung Arabiens sicherte: die Dattelpalme. Seit 7000 Jahren wächst sie auf dem Gebiet der Emirate, wie zwei 1998 in Abu Dhabi gefundene Kerne beweisen. Wie sie dahinkamen, ist etwas umstritten, denn der Ursprung der Dattelpalme wird entweder in Ägypten, Syrien oder im Industal vermutet. Eine Theorie besagt, dass die Soldaten von Alexander dem Großen sie im Marschgepäck mitführten und die Kerne während der Mittagspause achtlos in den Sand spuckten. Keine Theorie dagegen ist der große Respekt, den ihr die Beduinen entgegenbrachten. Denn die Früchte waren aufgrund ihrer langen Haltbarkeit eine Lebensversicherung auf den langen Wegen bei der Suche nach Weideplätzen. In seinem Buch »Brunnen der Wüste« berichtet der englische Reisende Wilfred Thesiger, der in den 1940er Jahren die Wüsten Arabiens bereiste, wie einer seiner Begleiter einen Dattelkern aus dem Feuer holte, den Thesiger achtlos hineingeworfen hatte.

Zeichen der Gastfreundschaft

Heute wachsen in Dubai etwa fünf Millionen Palmen in 100 verschiedenen Sorten. Davon wird ein Großteil allerdings als Viehfutter verwendet. Die Qualität der Früchte hängt davon ab, wie lange sie hängen bleiben, von der Sonneneinstrahlung und Bewässerung, dem Boden und dem Salzgehalt des Wassers. Bis zu 25 Meter reichen die Palmwurzeln in die Tiefe und je mehr Wasser sie zur Verfügung haben, umso süßer schmecken die Datteln. In der kühleren Jahreszeit von Oktober bis März »schlucken« sie gut sieben Liter am Tag, wenn es heiß wird, dürfen es bis 28 Liter sein, deshalb besagt ein Sprichwort, sie müsse mit dem Kopf in der Sonne und mit den Füßen im Wasser stehen, um eine gute Ernte zu bringen. Zwar trägt eine Palme bereits im zarten Alter von etwa acht Jahren die ersten Früchte, doch erst mit 30 schöpft sie ihre ganze Kraft aus und kann bis zu 150 Kilo pro Saison einbringen. Und obwohl es heute in den Supermärkten der Stadt Lebensmittel aus aller Welt zu kaufen gibt, die Dattel hat ihren festen Platz sowohl in der Landesküche als auch in der Tradition. Als Zeichen der Gastfreundschaft wird man nach wie vor mit einer Schale voller süßer Früchte begrüßt und während des Fastenmonats Ramadan legen viele Emiratis Wert darauf, nach dem Sonnenuntergang zuerst ein paar Datteln zu essen.

Wundertier Kamel: ein Geschenk Allahs

Streng genommen gibt es in Arabien gar keine Kamele, denn das einhöckrige Tier, das seit über 4000 Jahren ein mehr oder weniger treuer Begleiter der Araber ist, gehört zwar zur Gattung der Kamele, heißt aber Dromedar (Camelus dromedarius). Die Doppelhöcker-Ausführung (Camelus ferus), auf die sich die Bezeichnung Kamel bezieht, bewohnt die Steppen Asiens und hat viel mehr Fell. Aber das sehen die Araber selbst nicht so eng. Denn ohne die erstaunlichen Fähigkeiten dieser Tiere wäre ein Überleben in der harschen Umgebung nicht möglich gewesen und dafür ist man ihnen heute noch dankbar. Nicht umsonst nennen sie es liebevoll Ata Allah – Geschenk Gottes. Kamele können längere Zeit ohne Wasser auskommen und sind auch in anderer Hinsicht perfekt an ein Leben in der Wüste angepasst. Kamelwimpern sind zum Beispiel deshalb so lang, um die Augen des Tieres vor Sand zu schützen und ihre Nüstern können sie dank besonderer Muskeln schließen, um das Eindringen von Staub zu verhindern. Um selbst an den heißesten Tagen einen kühlen Kopf zu bewahren, ist in den Nüstern auch eine Art »Klimaanlage« installiert. Beim Ausatmen wird der in der Atemluft enthaltene Wasserdampf dank kleinster Härchen aufgefangen, um damit die Blutgefäße zu kühlen, die Hirn und Augen versorgen. Ein hochsensibles System – fällt es aus, stirbt das Kamel. Heiß diskutiert wird auch die Frage, wie lange ein Kamel denn nun ohne Wasser in der Wüste auskommen kann. Das lässt sich so einfach nicht beantworten, denn es spielen mehrere Faktoren eine Rolle: Darunter die Jahreszeit, denn Temperaturunterschiede von bis zu 20 Grad zwischen den Sommer- und Wintermonaten können nicht einfach vernachlässigt werden. Ist das Kamel mit bis zu 400 Kilo beladen, was ihm allerdings nur auf Kurzstrecken zugemutet wird? Wann hat es zum letzten Mal frisches Futter bekommen? Denn auch daraus bezieht es Feuchtigkeit. Generell gilt: Unbepackt und mit vollem »Wassertank« hält ein Tier in den Sommermonaten gut 25 Tage ohne Nachschub durch. Dann hat es allerdings mächtig Durst und säuft innerhalb von zehn Minuten bis zu 120 Liter Wasser.

Der Höcker als Wassertank

Wasser pumpt das Dromedar aber nicht – wie viele meinen – in seinen Höcker. Zwar berichtete schon der römische Geschichtsschreiber Plinius, Kamele besäßen ein Organ zur Speicherung von Wasser, aber das stimmt so nicht ganz. In seinem Höcker lagern bis zu 27 Pfund Fett, die zur Energiegewinnung verbrannt werden. Dabei wird Wasserstoff freigesetzt und der wiederum verbindet sich mit dem eingeatmeten Sauerstoff zu Wasser – ergibt pro Pfund Fett gut einen halben Liter! Überhaupt gehen die Tiere äußerst sparsam mit ihrem Feuchtigkeitshaushalt

Warum schaut das Kamel so hochnäsig?
Man erzählt sich in Arabien, dass der Prophet Mohammed ein Lieblingskamel besaß und dieses ihm eines Tages aus einer tödlichen Gefahr half. Aus Dankbarkeit verriet ihm der Prophet den hundertsten Namen Allahs, während den Menschen nur 99 bekannt sind. Dieses Privileg sei dem Kamel zu Kopf gestiegen und ihm nunmehr eine gewisse Arroganz zu eigen.

Falaj
Bereits im 5. Jahrhundert v. Chr. brachten vermutlich persische Eroberer ein Bewässerungssystem in die Emirate, ohne dessen Hilfe Landwirtschaft kaum möglich gewesen wäre. Das Prinzip ist einfach: An den flachen Berghängen wird das Grundwasser mit Hilfe eines Stollens »angezapft« und über unterirdische Kanäle bzw. überirdische Rinnen in die Oase geleitet. Der Bau eines solchen Kanals (Falaj) – der bis zu 100 Kilometer lang sein konnte – war jedoch alles andere als einfach, denn das Gefälle durfte nicht mehr als 0,5 Prozent betragen, sonst hätte die Erosion ihn schnell zerstört. Zwischen Berghang und Oase lagen mitunter Täler, die durch kleine Aquädukte überwunden werden mussten. Einmal fertiggestellt, konnte herabfallendes Geröll den Wasserfluss blockieren. Deshalb baute man die unterirdischen Gänge mannshoch, damit sie leicht zugänglich waren. Trotz Einsatz moderner Bewässerungsmethoden ist dieses System in den Oasen Dubais bei Hatta heute noch intakt.

um. Sie versuchen so wenig wie möglich zu schwitzen, indem sie ihre Körpertemperatur nachts stark absenken und am nächsten Morgen nur langsam wieder ansteigen lassen. An sehr heißen Tagen kann sich ihr Blut auf bis zu 43 Grad erwärmen – für andere Säugetiere eine tödliche Temperatur. Denn wie der Mensch entziehen sie dem Blut Flüssigkeit, dieses verdickt und führt zu Herzversagen. Während beim Menschen dieses Phänomen schon bei zwölf Prozent Flüssigkeitsverlust auftritt, verkraften Dromedare gut den doppelten Verlust.

König der Lüfte – der Falke

Was heute als Luxushobby betrieben wird, war früher bittere Notwendigkeit. Denn für die Beduinen stellte die Beizjagd mit Falken lediglich eine zusätzliche Möglichkeit dar, ihren Speisezettel zu ergänzen. Falken sind keineswegs in den Emiraten beheimatet, sondern Zugvögel, die jeden Herbst auf ihrem Weg nach Süden die Arabische Halbinsel überqueren. Dies war in der Vergangenheit die Gelegenheit, sich einen Wander- oder Lannerfalken zu fangen und innerhalb von vier Wochen auf die Jagd nach Hasen, Füchsen und Vögeln wie der Kragentrappe abzurichten. Für fünf Monate, von Oktober bis in den März, leisteten die Vögel ihren Dienst, dann wurde es zu heiß und man ließ sie frei. Heute undenkbar, werden gute Falken doch mit bis zu 100 000 Euro gehandelt.

An der Ostküste der Emirate liegt im Hajargebirge, von dem allerdings nur ein kleiner Teil zu Dubai gehört, die Bergoase Hatta. Aufgrund vieler Quellen gehört die Oase zu den ältesten besiedelten und landwirtschaftlich genutzten Siedlungen des Landes. Die Tierpopulation der Berge ist in den letzten Jahren kontinuierlich zurückgegangen.

Bis zu 20 Jahre kann einer dieser Könige der Lüfte in Gefangenschaft alt werden, wenn ihn Infektionen oder gefährliche Würmer nicht vorzeitig dahinraffen. Um dies zu vermeiden, gehen die meisten Falkenbesitzer mit ihnen regelmäßig zu einem medizinischen Check-up und statten ihre Vögel mit einem Mikrochip aus, auf dem die gesamte Krankengeschichte gespeichert ist – und bei einem Diebstahl lässt er sich damit obendrein noch eindeutig identifizieren.

Das Hajargebirge – Rückzugsraum seltener Raubkatzen

An seiner östlichen Grenze stößt das Emirat Dubai schließlich an das Hajargebirge, das eine geologische Rarität aufweist. Denn in den steilen Schluchten finden sich Gesteinsarten, wie sie sonst nur in unerreichbaren 30 bis 35 Kilometern Erdtiefe vorkommen. Denn das Gebirge verdankt seine Entstehung – vereinfacht gesagt – dem ungewöhnlichen Fall, dass ozeanischer Meeresboden nicht wie üblich unter die kontinentale Landmasse gedrückt wurde. Vielmehr schob sie sich im Laufe von Jahrmillionen auf das Land und gibt den Geologen von heute die Möglichkeit, mehr über die Erdgeschichte zu erfahren. Für die Bevölkerung vergangener Jahrhunderte stellte das Gebirge aus einem ganz anderen Grund einen Segen dar, denn in den natürlichen Felsbecken sammelte sich Regenwasser und versorgte sie mit Trinkwasser. Der emiratische Trinkwasserhersteller Masafi füllt dieses Bergwasser heute noch in seine Flaschen.

Die Tierwelt des Hajargebirges liest sich leider ein bisschen wie die Rote Liste der beinahe ausgestorbenen Arten. Dazu gehören Wölfe, Hyänen und auch der arabische Leopard (siehe Bild links unten), auf dessen Fell noch in den 1980er Jahren Prämien ausgesetzt wurden. Nur wenige Jahre später erschien ein Artikel in der emiratischen Tageszeitung »Khaleej Times« über die Freude von Naturschützern, dass man doch noch ein lebendes Exemplar gesichtet hatte. Selten geworden ist auch der kleine Karakal-Luchs, der es sich leider nicht »abgewöhnen« kann, hin und wieder eine Ziege zu reißen und deshalb trotz Verbote von den Bergbewohnern geschossen wird. Aber auch »friedliche« Tiere wie die wilde Arabische Bergziege, Tahr, deren Lebensraum durch die Ausbreitung der Zivilisation immer weiter eingeschränkt wird, kämpfen mittlerweile ums nackte Überleben.

GLITZERNDE KONSUMKATHEDRALEN: KUNSTWELTEN OHNE SEELE?

Sie alle wurden mit einem Superlativ angekündigt, den sie jedoch nicht lange erfüllen konnten: Sie sollten die größten Einkaufstempel der Erde sein. Die Konkurrenz kam jedoch nicht von außerhalb – Dubai übertrumpfte sich jeweils selbst, als es kurz nacheinander die Mall of the Emirates, Ibn Battuta Mall und im Herbst 2008 die Dubai Mall eröffnete. Aber auch Letztere wird ihren Titel nicht lange behalten, denn als nächstes kommt die Mall of Arabia. Manchmal fragt man sich schon, wer in den Tausenden von Geschäften eigentlich alles kaufen soll, denn mittlerweile gibt es über 50 größere und kleinere Malls in der Stadt.

Aber Shopping bedeutet in Dubai nicht einfach einkaufen gehen, wenn man eine Hose oder Jacke braucht: Shoppen ist Hobby; nicht umsonst sind die Riesenmalls wie kleine Vergnügungsparks gestaltet, in denen man sich in zahlreichen Cafés und Restaurants zum Mittag- oder Abendessen trifft. Zu besonderen Anlässen gibt es auch besondere Dekorationen: In der Eingangshalle der Mall of the Emirates (links im Bild) – so groß wie die eines Bahnhofs – hängt vor Weihnachten zum Beispiel ein überlebensgroßes Schlittengespann mit Rentieren und dem Weihnachtsmann in voller Montur.

In keiner anderen Stadt wird so viel Goldschmuck verkauft wie in Dubai. Nicht weil der Rohstoff billiger ist – dafür müssen Dubais Händler ebenfalls internationale Marktpreise bezahlen –, sondern weil ein Heer von indischen Goldschmieden sehr geringe Löhne erhält. Früher dominierte indisches Design, heute findet man auch traditionelle Muster der Beduinen, da der Gold- den Silberschmuck langsam ablöst.

Viele arabische Frauen kaufen nur die Duft-Essenzen und kreieren ihr eigenes Parfüm. Manche Besucher sind davon überrascht, dass auch moderne Dessous-Läden in den Konsumtempeln des Emirats zu finden sind.

Das Dubai Shopping Festival hat beinahe Kultstatus und Touristen aus aller Welt reisen zu diesem Anlass an die Golfküste – wer nicht rechtzeitig reserviert hat, steht vor ausgebuchten Hotels! Der Grund für die Reiselust sind mit Sicherheit nicht nur die Karussells, auf denen sich die arabischen Damen rechts im Bild vergnügen, sondern auch die wertvollen Preise, die es bei den Lotterien zu gewinnen gibt – darunter Nobelkarossen und schwere Goldbarren.

Eigentlich sollte es nur eine Art Frühjahrsschlussverkauf werden, als im Januar 1996 ein paar Geschäftsleute die Idee hatten, mit einer Niedrigpreisaktion und einer Gewinnlotterie der Kauflust von Dubais Bürgern etwas auf die Sprünge zu helfen. Der Erfolg war durchschlagend, seither steht das Frühjahr ganz im Zeichen des DSF, des Dubai Shopping Festivals. Immer mehr Begleitattraktionen sind in den letzten Jahren hinzugekommen und es geht zu wie auf dem Oktoberfest in München, mit dem Unterschied, dass sich die Feierlichkeiten über die gesamte Stadt verteilen. Gebäude und Straßenzüge sind mit Lichterketten bunt dekoriert, jeden Abend erleuchtet ein großes Feuerwerk den Creek, Livekonzerte auf den Straßen oder in den Hotelbars sorgen für gute Stimmung und etliche Sport- und Freizeitveranstaltungen (Kamelrennen, Bungee Jumping, Modenschauen) runden das Programm ab. Im »Global Village«, das früher eigens für das Einkaufsfestival aufgebaut wurde und jetzt einen festen Platz im Dubailand erhält, präsentieren Nationen aus aller Welt ihre kulturellen Schätze und im Heritage Village von Shindagha finden traditionelle Musik- und Tanzveranstaltungen statt. Nirgends wird Konsum so zelebriert wie in Dubai während des DSF, weshalb die Engländer den Namen der Stadt gern mit »do buy« – »kauft ein« verballhornen.

Dubais Motto »Shop ›till you drop‹« – »Kauf ein bis zum Umfallen« beschränkt sich nicht nur auf die großen glitzernden Megahallen, auch auf den alten Märkten, arabisch »suq« genannt, ist vor allem abends viel los. In den kleinen Gassen am Ufer des Creek kaufen immer noch viele Einheimische ein, denn hier gibt es zum Beispiel noch getrocknete Gewürze und Kräuter unverpackt zu kaufen. Doch mit jedem Neubauviertel verliert der historische Kern Dubais an Bedeutung, Parkplatzmangel und Verkehrschaos tun ein Übriges. Damit Dubais ausländische Gäste dennoch etwas vom »alten Flair« erleben können, entstehen in Neubauvierteln und Hotelanlagen Märkte nach historischem Vorbild. Die Ibn Battuta Mall etwa vereint unter einem Dach »historische« Märkte jener arabischen Länder, die der marokkanische Weltenbummler des 14. Jahrhunderts bereiste – natürlich mit erheblich größerer Warenvielfalt. Im »Souk Madinat Jumeirah« (kleines Bild) findet sich neben Pashmina-Schals, Lederwaren und Porzellan auch die traditionelle Schnabelkanne, arabisch »Dalla«, wieder, wie sie auch in Bur Dubai (großes Bild) angeboten wird. Es waren vor allem Stoffhändler, die sich ursprünglich in den Gassen Bur Dubais niederließen. Mittlerweile sind jedoch viele Kleinhändler, die Sonnenbrillen, Uhren oder Plastikspielzeug feilbieten, hinzugekommen.

Wie das Kamel in die Wüste gehört das Feilschen auf arabische Märkte. So auch in Dubai. Während man auf dem Stoffmarkt von Bur Dubai oder dem Gold- und Gewürzmarkt von Deira tatsächlich noch mit Gebot und Gegengebot versucht, einen für beide Parteien akzeptablen Preis zu finden, beschränkt es sich in den großen Shopping Malls meist auf die einfache Frage nach einem »Discount«.

PERLENTAUCHER AN DER PIRATENKÜSTE: AUF DER SUCHE NACH DEM ALTEN DUBAI

Dubais jüngere Geschichte beginnt 1833, als es in Abu Dhabi zum Streit zwischen den beiden Familien al-Nahyan und al Maktoum kommt und Letztere beschließt, sich anderswo niederzulassen. Sie wandert ein paar Kilometer die Küste gen Norden, besetzt die Festung von Dubai, damals noch Teil des Emirats Abu Dhabi, und erklärt sich für unabhängig. Im Laufe der nächsten Jahre kommt es zwar immer wieder zu einzelnen Scharmützeln zwischen beiden Herrscherhäusern, doch die können den Aufstieg Dubais zu einem der wichtigsten Häfen entlang der 1000 Kilometer langen Golfküste nicht aufhalten. Die Menschen lebten überwiegend vom Fischfang und Schiffsbau. Doch es waren vor allem die »Tränen der Engel«, Naturperlen aus dem Persischen Golf, die Dubai halfen, bis 1870 ein weitreichendes Handelsnetz aufzubauen und Deiras staubige Gassen zu einem der wichtigsten Warenumschlagsplätze in der Golfregion werden zu lassen. Heute zeugen nur noch wenige Spuren vom Leben in der Vergangenheit, das sich hauptsächlich an den Ufern des Creek abspielte.

Ursprünglich aus Persien stammend, haben sich die Windtürme, Barjeel, zum Wahrzeichen von Dubais Altstadt und beliebten Stilelement moderner Neubauten entwickelt. Ein denkbar einfaches Prinzip liegt diesen effektiven Klimaanlagen zugrunde. In dem quadratischen Turm auf dem flachen Dach des Hauses, dessen vier Seiten offen sind, werden zwei diagonal verlaufende Tücher oder dünne Mauern eingezogen. So zieht der leiseste Windhauch in das darunterliegende Zimmer hinein – und die warme Luft auf der dem Wind abgewandten Seite hinaus.

»Als wir Kinder waren, trafen wir uns nach der Schule da vorn unter dem alten Baum. Heute ist der Platz geteert, früher war alles staubig. Trotzdem war es unsere Lieblingsecke, denn man konnte mit dem Fahrrad um die Ecke sausen, was nicht so leicht war, denn die Gassen sind schmal. Manchmal, wenn wir zu schnell waren und mit dem Lenker gegen die Mauer stießen, brach ein Stück Korallengestein aus der schon sehr bröckeligen Wand, das gab dann immer Ärger mit den Erwachsenen, die uns verscheuchen wollten. In dem kleinen Gebäude da vorne hatte ein alter Mann sogar eine Fahrradwerkstatt, den mochten wir, denn er pumpte uns immer kostenlos unsere Reifen auf.«

Bei der Restauration alter Häuser kommen zwar nur ursprüngliche Materialien zum Einsatz, doch schließt man moderne Technik nicht aus und baut zum Beispiel elektrisches Licht ein, damit niemand in den dunklen Gassen zu Fall kommt.

Viele Menschen lebten in einfachen Palmblatthütten, den »Areesh«, die es heute nur noch im Museum zu sehen gibt. Für die festen Häuser der Scheichs, Händler und später der englischen Kolonialbeamten wurde Muschel- und Korallengestein aus dem Meer, Gips, das faserige Holz der Dattelpalme oder – wer es sich leisten konnte – importiertes Teakholz aus Indien verwendet. Den nötigen Mörtel, »Sarooj«, mischte man vorwiegend aus Sand, Kalk und manchmal auch aus Stroh. Das Korallengestein war übrigens nicht nur billig, da es sozusagen vor der Haustür wuchs, sondern auch leicht und unempfindlich gegen die hohe Feuchtigkeit und den Salzgehalt der Luft. Die Wohnhäuser der Stadt waren dicht an dicht gebaute Anwesen mit Innenhof, und damit niemand von der Gasse hineinschauen konnte, gab es nur in der ersten Etage Öffnungen oder Lüftungsschlitze. Durch Letztere konnte die warme Luft abziehen, so dass eine Art Zirkulation entstand. Besonders die Häuser wohlhabender Perlenhändler, die dafür teilweise Künstler engagierten, wiesen reich verzierte Innenhöfe mit ornamentalen Gipsfeldern und aus Holz geschnitzte Fenstergitter, »Mashrabiyas«, auf. Heute dienen sie als Museen, in deren Räumen Szenen wie die rechts im Bild nachgestellt sind.

Auf den Spuren des alten Dubai: 1968 – Händler boten ihre Waren auf dem Gemüsemarkt in Dubai feil. Sie schützten sich und ihre Stände mit einfachen Stoffbahnen gegen die stechende Sonne (Bild linke Seite). Die Perlentaucher (unten und rechts) waren den Gefahren des Meeres beinahe schutzlos ausgeliefert. Mit einfachsten Mitteln holten sie die begehrten Austern vom Grund des Meeres.

Perlentauchen war nicht nur ein Knochenjob, er war mitunter lebensgefährlich. Bis zu 100 Tauchgänge pro Tag absolvierten die Männer, holten aus einer Tiefe zwischen 20 und 30 Metern die Austern herauf und waren den Angriffen von Haien so gut wie schutzlos ausgeliefert. Um schneller hinabzusinken, band man sich Steingewichte an die Füße, dazu ein Seil um den Körper: Ein kurzer Ruck und der Kollege zog den Taucher wieder nach oben. Ihre »Ausrüstung« bestand aus simplen Baumwollanzügen oder einer Badehose, Lederhandschuhen und einem Meißel, um die Muscheln von den Felsen zu lösen, die sie in einem um den Hals gehängten Beutel sammelten. Mit einer Holzklammer verschlossen sie die Nase, mit etwas Öl rieben sie ihre Augen gegen das Salzwasser ein. Viel half das nicht, manch einer erblindete, viele litten unter zerstörten Lungen. Trotzdem fuhren um 1900 gut 22 000 Mann aus Abu Dhabi, Dubai oder Sharjah jeden Sommer von Juni bis Oktober hinaus, um ihr Glück zu suchen. Nicht Reichtum strebten sie an, dafür reichte es nie, sondern nur genügend Austern, um den im Voraus an ihre Familien ausbezahlten Lohn zu erwirtschaften. War die Saison schlecht, blieben die Schulden und die Perlentaucher mussten im nächsten Sommer wieder hinaus, ob sie wollten oder nicht. Ließ ihre Gesundheit es nicht mehr zu, mussten Bruder oder Sohn weiter am Abbau der Schulden arbeiten. Nur die Händler brachten es zu Wohlstand. Sie mussten sich nicht mit einfachen Holzbuden in den staubigen Gassen der Märkte zufriedengeben, sondern leisteten sich Häuser aus Korallenstein.

Es ist noch nicht so lange her, da versammelten sich die Händler noch vor Sonnenaufgang am Strand und erwarteten die Rückkehr der Fischerboote. Meist waren diese am späten Nachmittag des Vortages ausgelaufen, blieben die ganze Nacht auf See und brachten am frühen Morgen unter anderem Rochen, Schwert- oder Thunfisch und Haie mit an Land. Letztere ließ man in der Sonne trocknen und machte daraus den lange haltbaren Trockenfisch.

»Muu-su-rek-ja-mo-ha-med…. muu-su-rek-ja-mo-ha-med«, hallte es aus dunklen Kehlen über das Deck, sobald der Kapitän den Befehl zum Setzen des Segels gegeben hatte. Mit kräftigen Händen packte die Bahari, die Schiffsbesatzung, das raue Hanftau und zog das charakteristische Dreieckssegel der Dhau langsam in die Höhe. Über 1300 Jahre erklang dieser melodische Ruf, der sich mit »zuu-gleich« übersetzen lässt. Auf den Segelschiffen des Persischen Golfes und des Indischen Ozeans hallte er über die Decks der Handelsschiffe, Fischerboote und auch die Flotten der Perlentaucher. Ihr Ende kam bereits um 1930, als ein Japaner die kostengünstigere Zuchtperle erfand. Dann wurden 1970 die moderneren Dieselmotoren eingeführt; niemand musste mehr rufen, und die Segel verschwanden nach und nach vom Horizont – doch nicht für immer. Seit ein paar Jahren finden anlässlich des Nationalfeiertages nicht nur vor der Küste Dubais in Erinnerung an die alten Zeiten Segelregatten statt.

DER KRITISCHE BLICK

ÖKOLOGISCHE PROBLEME

Ach, es ist herrlich, in Hochglanzmagazinen über Dubai zu blättern. Überall boomt es: Hotelketten eröffnen ein schöneres Hotel nach dem anderen, Scheich Maktoum hat wieder eine tolle Wohnsiedlung mit prachtvollen Grünanlagen in Auftrag gegeben, Emirates Airlines bestellt das größte Flugzeug der Erde gleich dutzendweise und BMW oder Porsche melden permanent steigende Verkaufszahlen. Da wollen auch die Müllberge nicht hintanstehen! Upps, wie war das? Müllberge? Ach, na ja, die gehören nun mal dazu. Ja leider, ebenso wie die rasant zunehmende Umweltverschmutzung zu Lande, zu Wasser und in der Luft.

Ökologischer Fußabdruck
Darunter versteht man den Anteil der Erdoberfläche, der dazu genutzt werden muss, den Lebensstandard und -stil eines Menschen dauerhaft zu ermöglichen. Dazu gehören nicht nur Korn- und Weizenfelder, sondern auch Flächen, die zur Produktion seiner Kleidung oder zur Bereitstellung von Energie, aber auch zum Abbau des von ihm erzeugten Mülls benötigt werden. Deutschlands ökologischer Fußabdruck beträgt derzeit übrigens etwa 4,7 Hektar pro Person, es kann aber selbst nur 2,3 Hektar seiner Landesfläche zur Verfügung stellen. Ähnlich verhält es sich mit seinen europäischen Nachbarn. Und Dubai? Benötigt sage und schreibe 11,9 Hektar pro Einwohner! Das ist noch mehr als im Verschwenderland USA.

Die Schattenseiten des Aufschwungs

Dubai muss aufpassen, sonst vermeldet es bald Rekordzahlen im Einkauf von Solarien, da die Sonne es nicht mehr schafft, durch den Qualm der Müllverbrennungsanlagen und den Auto-Smog Touristen den Rücken zu bräunen. Doch Vorsicht mit dem moralischen Zeigefinger: Das moderne Dubai ist keine 50 Jahre alt. Das ach so umweltbewusste Deutschland verkaufte seine umweltschädlichen FCKW-Kühlschränke gewinnbringend in den Ostblock, anstatt sie zu verschrotten, und Drei-Liter-Autos werden hierzulande von Ministern schon mal als »Müslischüssel« verspottet.

Baum des Lebens

Ihre Früchte waren Grundnahrungsmittel, ihr Stamm diente zum Hausbau, aus ihren Blättern wurden Matten, Körbe und Kinderwiegen geflochten. Alles an der Dattelpalme, dem Baum des Lebens, war zu gebrauchen, und war es nicht

Ein massives Problem infolge der steil ansteigenden Einwohnerzahl ist die Müllentsorgung in Dubai.

mehr zu gebrauchen, konnte man es getrost in den Sand werfen und verrotten lassen. Da die Dinge des Lebens aber in mühevoller Handarbeit hergestellt werden mussten, ging man entsprechend sorgsam mit ihnen um. Dass es sich mit Getränkedosen, Plastiktüten und Pizzakartons anders verhält, muss den Menschen erst einmal begreiflich gemacht werden. Darum bemüht sich mittlerweile nicht nur der Staat, es gibt auch Privatinitiativen wie die Emirates Environmental Group (EEG). Habiba al Marashi aus Dubai war 1991 Mitbegründerin und ist heute Vorsitzende des Verbandes. »Ein zentraler Punkt unserer Arbeit besteht aus der Implementierung umweltbezogener Bildungsprogramme für Kinder und Jugendliche bzw. für Schulen und Universitäten. Zudem organisieren wir auch viele Vorträge und Seminare, über die in lokalen Zeitungen, Radio und Fernsehen berichtet wird«, erzählt sie in einem Interview.

Steigende Bevölkerungszahlen

Noch 1930 lebten in Dubai keine 20 000 Seelen, heute sind es 1,5 Millionen, Tendenz steigend, und zwar rasend. Über 8000 Menschen aus aller Welt melden sich monatlich bei den Einwanderungsbehörden und tragen in der Stadt der Rekorde zu einer weniger ruhmreichen Höchstleistung bei: Nirgendwo sonst wachsen die Müllberge so schnell wie hier. »Alle vier Jahre um 100 Prozent«, erklärt Hussein Ahmed Lootah. Als Generaldirektor der Stadtverwaltung von Dubai

weiß er, wovon er spricht: nämlich von einem drei Millionen Tonnen schweren Gemisch aus Sonder-, Industrie- und Haushaltsmüll im Jahr 2006. Es ist nicht ungefährlich, was sich da auf den fünf Deponien Dubais ansammelt, denn bei extremer Hitze bilden sich leicht brennbare Gase. Was passiert, wenn die sich entzünden, erlebte das Emirat Abu Dhabi 2007: Vier Tage lang brannte die Mülldeponie von Muharaq, eine schwarze Qualmwolke verdunkelte den Himmel.

Zartes Grün am Horizont

Damit ist ausnahmsweise kein Palmenhain gemeint, sondern die ersten Erfolge der EEG und der Regierung Dubais, um zu verhindern, dass der ökologische Fußabdruck (siehe Kasten, S. 164) Dubais nicht noch größer wird: Führende Supermarktketten stellen langsam, aber sicher von Plastik- auf Stofftaschen um; Dubais Telekommunikationsgesellschaft TRA veranstaltete 2007 eine Recycling-Aktion und sammelte innerhalb kürzester Zeit 50 000 gebrauchte Mobiltelefone ein, die mit ihren Schwermetallbestandteilen die Umwelt belasten. Ganz ohne »Zuckerl« geht's natürlich auch nicht. Damit die Plastikflaschen auch in den neu errichteten Sammelstellen an den Tankstellen landen, gibt es für jede Flasche einen Sammelpunkt. Ab zehn Punkten bekommt man ein Los, mit dem man dann ein Luxusappartement gewinnen kann.

Chance für ausländische Technik

Um seine Umweltprobleme in den Griff zu bekommen, greift Dubai auch auf innovative Entwicklungen aus dem Ausland zurück, darunter aus Deutschland. Bei vielen ökologischen Projekten, die in den letzten Jahren in Dubai begonnen wurden, war die Fraunhofer-Gesellschaft beteiligt, deren Ingenieure beinahe wöchentlich an den Golf reisen, um deutsches Know-how anzubieten. Das fängt ganz banal bei modernen Müllfahrzeugen an, die zum Beispiel ein deutscher Unternehmer auf Dubais Straßen brachte, geht weiter über Müllverbrennungsanlagen zur Energiegewinnung und hört bei Energiesparbeschichtungen, wie sie am Burj Dubai zum Einsatz kommen, längst noch nicht auf. »Vor den Toren der Stadt entsteht derzeit eines der ersten Hochhäuser, das nach seiner Fertigstellung Ende 2009 sämtlichen Anforderungen eines ökologischen ›Green Buildings‹ entsprechen wird«, so der deutsche Architekt. Bewerkstelligen soll das vor allem der Einsatz drehbarer Hochleistungskollektoren.

Kamel gegen Auto

Kamele und Geländewagen haben zwei Dinge gemeinsam: Wenn Sie durstig sind, brauchen sie gut 120 Liter und beide sind bei den Dubai'in sehr beliebt. Aber das war's auch schon mit den Gemeinsamkeiten, denn während das Kamel sozusagen ein Teil der Wüste ist, verpesten mittler-

Drastisch wie Singapur
Ähnlich wie in Singapur verlässt man sich auch in Dubai beim Umweltschutz nicht nur auf Aufklärung. Seit dem 11. März 2008 müssen Verschmutzer mit drastischen Strafen rechnen. Wer in aller Öffentlichkeit spuckt, zahlt 500 Dirham (ca. 90 Euro) Strafe. Lkw-Fahrer, die ihr Abwasser wild am Straßenrand versickern lassen, werden mit 10 000 Dirham (ca. 1800 Euro) zur Kasse gebeten. Ihnen droht außerdem ein befristeter Führerscheinentzug. 50 000 Dirham (ca. 9000 Euro) sind für das Abladen von Müll außerhalb der offiziellen Halden fällig. Es wird hart durchgegriffen, und selbst wenn das Ausspucken von Kaugummi nicht explizit auf der Verbotsliste steht wie im asiatischen Stadtstaat, sollte man sich nicht dabei erwischen lassen!

weile über 850 000 in der Stadt zugelassene Autos, Lkw und Busse die Luft, und jedes Jahr kommen gut 70 000 neue hinzu. Zusätzlich wollen jeden Tag noch Tausende von Pendlern aus Abu Dhabi (160 Kilometer!), Sharjah oder Ajman morgens rein und abends wieder raus aus der Stadt – natürlich allein im Auto. Vierspurige Autobahnen werden dann auf sechs Spuren genutzt, Stoßstange an Stoßstange harren ungeduldige Arbeitnehmer darauf, endlich wenigstens irgendwohin zu kommen. Aber auch tagsüber ist der Verkehr unerträglich. »Anfang der 1990er Jahre bin ich noch dreimal die Woche in der Mittagspause zu meinem Arabisch-Unterricht nach Dubai rübergefahren«, erzählt Oliver, ein deutscher Unternehmer aus Sharjah, »heute kannst du das vergessen. Für die zehn Kilometer braucht man eine Stunde – wenn's gut läuft. Morgens oft die doppelte Zeit!« Obwohl die Mietpreise in Dubai erheblich höher sind als in Sharjah, überlegt auch er, trotzdem nach Dubai zu ziehen. »Jeden Tag stundenlang im Stau, das geht an die Substanz!« Bei solch einer Autodichte mutet es fast wie ein Witz an, dass die derzeit 6000 Taxen auf Dubais Straßen in den kommenden Jahren auf Hybridantrieb umgestellt werden sollen.

Autonarren in die Metro?

Dubais Männer – und auch ihre Frauen – hegen eine Vorliebe für große schnelle Autos, wie die laufend von BMW, Porsche oder der japanischen Luxusmarke Lexus vermeldeten Verkaufszahlen beweisen. Bei einem Traumpreis von umgerechnet etwa 25 Eurocent pro Liter Benzin kann man es sich sogar erlauben, den Motor selbst beim Tanken oder dem Sprung in den Supermarkt nicht auszumachen. Doch dem Albtraum auf Dubais Straßen soll ein Ende gemacht werden. Dazu hat die Stadt eine ganze Reihe von Maßnahmen ergriffen, deren Erfolg allerdings abzuwarten bleibt. Gar nicht erst verwirklicht wurde die Idee von Autos

Busse, Maut und Wassertaxen

Die Metro ist nicht die einzige Maßnahme, um der Umweltverschmutzung durch den Verkehr Herr zu werden. Auf viel befahrenen Straßen wie der Sheikh Zayed Road und Brücken über den Creek muss mittlerweile eine Maut bezahlt werden, beim Nutzfahrzeugproduzenten MAN wurden über 400 neue Busse bestellt und auf dem Creek werden Schritt für Schritt die alten, stinkenden Wassertaxen durch moderne Motorboote ersetzt. Für Pendler sollen Schnellboot-Verbindungen entlang der Küste eingerichtet werden und man glaubt es kaum, das langjährige Verbot für Fahrgemeinschaften wurde aufgehoben und sogar eine Website eingerichtet, auf der man sich dafür anmelden kann. Ab Ende 2008 darf kein Auto älter als 20 Jahre alt sein, zwei Jahre später nur noch 15 Jahre, Taxen und Importautos dürfen die Fünf-Jahre-Altersbegrenzung nicht überschreiten. Einzige Ausnahme sind Oldtimer, aber wegen fehlender Klimaanlagen gibt es davon sowieso nur wenige!

Abenteuer Busfahrt

Dubai setzt auf moderne Busse, um sein Verkehrs-Chaos in den Griff zu bekommen, doch was ist mit den Fahrern? Die sind in den letzten Monaten immer wieder in die Negativ-Schlagzeilen geraten. »Wenn ich in Indien mit 100 km/h fahre, ist das wie fliegen. Hier in Dubai ist es nichts«, sagt einer von ihnen ins Mikrofon einer Journalistin. Nach mehreren spektakulären Unfällen forscht sie nach deren Ursache. Natürlich ist es überhöhte Geschwindigkeit, doch was treibt die Busfahrer zu Raserei und waghalsigen Überholmanövern auf regennassen Fahrbahnen? Es ist der enorme Zeitdruck, unter dem in Dubai vom Bauherren über den Arbeiter bis eben zum Busfahrer alle stehen.

»Fahren wir zu langsam, dann protestieren die Arbeiter, denn sie fürchten, zu spät zur Arbeit zu kommen«, erklärt ein Busfahrer. Schuld hätten auch die falsche Straßenplanung und sinnlose Geschwindigkeitsbegrenzungen. Die »Ehre« der Busfahrer spielt ebenfalls eine Rolle, wenn beispielsweise ein Tanklastzug oder ein Kleinwagen zum Überholen des Busses ansetzt, dann wird Gas gegeben. Die meisten Dubai-Busfahrer wollen sich das nicht gefallen lassen …

Dubais Bürger genießen ihre individuelle Bewegungsfreiheit, doch das Straßennetz ist dem steigenden Verkehrsaufkommen kaum noch gewachsen. Langfristig hilft nur ein Umdenken, um Verkehrswege und Umwelt zu entlasten.

mit geraden und ungeraden Nummernschildern, die an abwechselnden Tagen eine Fahrerlaubnis bekommen sollten. Die meisten emiratischen Familien haben mehrere Autos. Jetzt versucht man es mit einer sündhaft teuren Metro, die ab 2010 fast 120 000 Menschen pro Minute durch die Stadt bringen soll. Aber der Umstieg vom 7er-BMW in die Metro dürfte vielen Dubaiin schwerer fallen als der Abstieg vom Kamel keine 50 Jahre zuvor.

Unglaublicher Wasserverbrauch

Oliver aus Sharjah hat mich in den Emirates Golf Club eingeladen, der sich direkt am Creek erstreckt. Wie viele seiner ausländischen Gastarbeiterkollegen entspannt er sich gern von seinem Arbeitsalltag – und dem Verkehrsstress – bei einer Runde Golf. Als wir zufällig einen europäischen Gartenbauarchitekten treffen, der unter anderem auch Golfplätze anlegt, muss ich schwer schlucken. Denn auf meine Frage, wie viel Wasser so ein prächtiger Rasen benötigt, um in der sommerlichen Hitze nicht zu verdorren, höre ich die stolze Zahl von gut einer halben Million Liter. »Im Monat?« – »Täglich!« Rums, das sitzt. Die Beschwichtigung, dass es sich um aufbereitetes Abwasser handelt, beruhigt kaum. »Was soll man denn mit dem Wasser sonst machen?«, kommt die Gegenfrage. Sie klingt etwas zynisch angesichts der Tatsache, dass weltweit 1,5 Milliarden Menschen keinen Zugang zu brauchbarem Trinkwasser haben, es in Dubai derzeit sieben Golfparcours gibt – und in naher Zukunft die gleiche Anzahl hinzukommt. Die moderne Abwassertechnik ist – mit gewissen Einschränkungen – mittlerweile nämlich so weit, aus Abwasser durchaus auch Trinkwasser herzustellen. Allerdings gibt es da auch ein mentales Problem bei den Arabern, das die Verwendung von Abwasser sowohl in der Landwirtschaft und besonders im Haushalt derzeit noch verhindert. Sie betrachten die ehemalige Kloake trotz intensiver Aufbereitung immer noch als unrein und schmutzig. Und der Fairness halber sei erwähnt, dass Dubai jährlich mehrere Millionen (!) Dollar zur Unterstützung der Hilfsbedürftigen dieser Welt spendet!

Meerwasserentsalzung

So heißt das Zauberwort bei der Gewinnung von Trinkwasser, und auf den ersten Blick scheint es eine umweltfreundliche Methode zu sein. Doch auch hier gibt es gleich zwei Haken. Der eine ist das ins Meer zurückgeleitete Salz, denn auf lange Sicht ergeben sich daraus noch nicht absehbare Schäden für das ökologische Gleichgewicht im Persischen Golf. Der zweite – und das ist ein schwerwiegender – Haken ist der hohe Energieaufwand bei der Gewinnung von Trink- aus Meerwasser. Pro Kubikmeter Wasser benötigt man etwa 4 kW/h Strom, und Dubais Kraftwerke arbeiten schon jetzt am Limit. Die derzeit jährlich produzierten 14,8 Gigawatt werden in Zukunft viel zu

wenig sein, denn allein der Burj Dubai wird nach seiner Fertigstellung eine Energiemenge benötigen, mit der man 10 000 Tonnen Eis schmelzen könnte, und das täglich! Nein, das ist nicht der gesamte Energiebedarf, sondern nur der für die Klimaanlage. Eigentlich ist es ein Wunder, dass in den letzten Jahren nur ein, zwei größere Stromausfälle die Stadt heimsuchten. Um auch die in Zukunft zu vermeiden, entsteht vor den Toren der Stadt ein 9000 Megawattkraftwerk. Wie viel das ist? 500 Megawatt versorgen den Großraum Berlin mit seinen 3,4 Millionen Einwohnern eine Woche lang mit Strom, bei einem Verbrauch von ca. 130 Liter Wasser pro Tag! In Dubai rinnen jedoch täglich über 500 Liter Wasser pro Kopf aus den Hähnen.

Suche nach neuen Energiequellen

Viele Kraftwerke in den Emiraten werden momentan mit Erdöl und -gas angetrieben, das derzeit noch fröhlich aus dem Boden sprudelt. Angesichts schwindender Ressourcen scheint dies unverantwortlich, zumal es Alternativen gibt. Die waren bis dato aber zu kostspielig oder technisch nicht ausgereift. Solarzellen erblindeten im »Glutofen der Sonne« zu schnell und die Nachrüstung der bereits hochgezogenen Bauwerke mit Sonnenpanelen war schlicht nicht eingeplant. Aber auch hier tut sich was: Abu Dhabi entwickelt momentan ein 500-Megawatt-Solarpanel und schloss mit Frankreich einen Vertrag zum Bau eines Atomkraftwerkes.

Zugegeben, es ist noch vieles im Argen mit Dubais Umweltpolitik und es ist noch einiges an Aufklärungsarbeit vonnöten, doch man hat die Zeichen der Zeit erkannt. Die einzige Hoffnung der Solarium-Branche auf höhere Verkaufszahlen wird daher wohl die Prognose von Klimaexperten sein, die für Dubai aufgrund der massiv wachsenden Grünflächen einen Klimawandel mit mehr Niederschlägen prognostizieren.

DIE INFRASTRUKTUR PLATZT AUS ALLEN NÄHTEN

Bei einem Blick über die sich kilometerweit stapelnden Container im Hafen von Jebel Ali, dem größten künstlich angelegten seiner Art, scheint alles in bester Ordnung zu sein in der aufstrebenden Wirtschaftsmetropole Dubai. »Ich glaube, Dubais Visionen sind fantastisch. Das Wachstum übertrifft die Analystenprognosen bei weitem. Das einzige Problem könnte sein, dass die Stadt zu erfolgreich war.« Was Saahil Mehta, der Verkaufsmanager einer großen Energiefirma damit meint, spüren beispielsweise Dubais Autofahrer jeden Tag, wenn sie stundenlang im Stau stehen. Oder die Anwohner der neu geschaffenen Wohnblocks, wenn mal wieder die Klimaanlage mangels Strom für Stunden ausfällt oder die Straßen nach heftigen Regenfällen tagelang überflutet sind. Dubais hektischer Bauboom hat seine Gründe, denn die Anfang der 1970er Jahre geschaffene Infrastruktur hält den Anforderungen des Wirtschafts- und Bevölkerungswachstums schon lange nicht mehr stand.

Eines der größten Projekte der letzten Jahre war der Bau der Emirates Ring Road. Die teilweise zehnspurige Autobahn verbindet alle größeren Städte von Abu Dhabi über Dubai, Sharjah bis nach Ajman und führt fast bis an die Landesgrenze im Norden. Wo neue Wohnviertel oder Shopping-Malls entstehen, werden zusätzliche Ausfahrten einfach dazugebaut.

»Ich denke da vor allem an ein funktionierendes öffentliches Transportsystem. Das tut dringend not. In Dubai läuft die Reihenfolge in der Stadtplanung anders als üblich. Normalerweise haben wir bereits eine Infrastruktur, gewachsene Verkehrswege und natürliche Achsen und Beschränkungen. Doch hier werden erst einmal die Stadtteile gebaut, dann denkt man darüber nach, wie man alles zusammenfügen könnte«, antwortet ein seit Jahren in Dubai lebender Deutscher auf die Frage, was er für eines der dringendsten Probleme Dubais hält. Die Überlastung der Verkehrsinfrastruktur (im Bild links die sechsspurige Sheikh Zayed Road) ist nicht nur ein Ärgernis für alle Verkehrsteilnehmer, sondern kann sich laut Analysten langfristig durchaus zu einer Konjunkturbremse und Standortbeeinträchtigung entwickeln. Die Probleme werden auch ab 2010 mit Inbetriebnahme der U-Bahn nur teilweise gemildert. Radikalere Lösungen wie ein Mautsystem sollen jetzt den überbordenden Autoverkehr in den Griff bekommen.

Nähert man sich Dubai von Abu Dhabi kommend, erblickt man als Erstes einen regelrechten Wald aus Strommasten, der in seiner Ausdehnung so gar nicht zu den regelmäßig gemeldeten Stromausfällen passen will. Doch die Kapazitäten sind am Limit. In den Nachbar-Emiraten Sharjah, Ras Al Khaimah, Ajman, aber auch in Dubai selbst müssen private Haushalte bereits mit Verbrauchsbegrenzungen belegt werden, weil die Kraftwerke den Bedarf nicht mehr decken können. Saahil Mehta, Verkaufsmanager einer Energiefirma, weiß von den Jumeirah Lake Towers, einer Wohnanlage aus 87 Wolkenkratzern, zu erzählen, die zusätzlich über teure Generatoren mit Energie versorgt werden müssen. Das liegt allerdings auch daran, dass wegen der Wohnungsnot und den enormen Mietpreisen fertige Wohnungen überbelegt sind. In der Planungsphase wird Wohneinheiten eine bestimmte Nutzerzahl zugeordnet, anhand derer dann der Strombedarf und auch die Wasserversorgung berechnet werden. Werden dann Räume wie Fitnessstudios oder Sicherheitsbüro zweckentfremdet und nach der Bauabnahme zu Wohneinheiten umfunktioniert oder bewohnen ganze Familien ein Appartement, das ursprünglich als Single-Wohnung konzipiert war, übersteigt das natürlich die kalkulierten Kapazitäten.

Den größten Strombedarf
haben – neben der Beleuch-
tung – die Klimaanlagen der
Büro- und Wohntürme in
Dubai (Bild oben und links,
Stadtansicht bei Dämmerung).
Allein die Kühlaggregate ver-
brauchen 60 bis 70 Prozent der
erzeugten Energie. Deshalb
wird besonders auf diesem
Gebiet ständig nach Ver-
besserungen gesucht.

Das erste, was ausländischen Gästen bei einer Fahrt durch Dubai auffällt, sind meist die Grünanlagen, Parks und Blumenbeete entlang der Straßen. Fast alle Autobahnen in und außerhalb der Stadt sind bepflanzt, sogar die Streckenabschnitte durch öde Wüstengebiete. Mittels teurer Spezialschläuche, der Meter für umgerechnet knapp drei Euro, werden auf Hunderten Kilometern Palmen und Büsche mit dem kostbaren Nass versorgt. Mit süßem Nass! Dabei handelt es sich zwar um aufbereitetes Wasser, doch auch dieses musste zuvor kostenintensiv aus Meerwasser gewonnen werden. Doch die Golfstaaten müssen aufpassen, denn ein Großteil ihrer Entsalzungsanlagen bedient sich aus dem Persischen Golf. Dessen Salzgehalt könnte aufgrund der globalen Klimaerwärmung, einer zunehmenden Verdunstung und durch die Einleitung der Salze aus der Trinkwassergewinnung in den nächsten Jahren erheblich ansteigen und damit den Betrieb der Anlagen zur Meerwasserentsalzung (großes Bild) enorm verteuern. Denn je höher der Salzgehalt des Wassers, desto höher der Energieaufwand.

Erst allmählich wird die aufwendige Wasserversorgung der privaten Haushalte mittels Lkw (rechtes Bild) durch ein ökonomischeres Leitungssystem abgelöst. Im Frühjahr 2008 kündigte Dubais Wasser- und Elektrizitätsbehörde (DEWA) eine Reform im Tarifwesen an, um den Konsum von Wasser und Strom zu reduzieren. DEWA betonte allerdings, dass Privatleute von den Preiserhöhungen weitgehend verschont bleiben und vor allem Großverbraucher stärker zur Kasse gebeten werden sollen. Dubai gehört weltweit zu den Städten mit dem höchsten Wasser- und Stromverbrauch. Zum Vergleich: Dubai benötigte im Jahr 2000 etwa 20 000 kW/h, Deutschland »nur« 6000, Dubais Bürger benötigen über 500 Liter Wasser am Tag, Deutsche etwa 130 Liter.

VERSTECKTE ARMUT: DIE WELT DER GASTARBEITER

Sie kommen aus Indien oder Afghanistan, Pakistan oder den Philippinen, es sind Männer und Frauen, Christen, Parsen, Hindus und natürlich Muslime, aber wenn sie in Dubai ankommen, sind die meisten vor allem eines: schlecht bezahlte Arbeitskräfte. Sie verdingen sich als Taxifahrer, Müllmänner, Hotelangestellte, Hafenarbeiter, malochen in den Freihandelszonen oder als Kindermädchen. Als Bauarbeiter errichten sie ein künstliches Paradies im Wüstensand, in dem die wohlhabenden Scheichs luxuriös wohnen und sonnenhungrige Touristen einen entspannten Badeurlaub verbringen können. Manchmal haben sie Glück und ihr Arbeitgeber sorgt für eine menschenwürdige Unterkunft mit fließend Wasser, Betten und medizinischer Versorgung. Wenn sie Pech haben, wird ihnen von dem kargen Lohn – der bisweilen verspätet oder gar nicht ausbezahlt wird – auch noch die Busfahrt von der Unterkunft zur Baustelle berechnet. Das ging mehreren hundert Indern vor kurzem dann doch zu weit: Sie verwüsteten die Büros an Dubais berühmtester Baustelle, dem Burj Dubai (im Bild rechts im Hintergrund), und blockierten den morgendlichen Berufsverkehr auf der Sheikh Zayed Road. Ihr Erfolg: eine umgehende Heimreise und freie Arbeitsplätze für Landsleute.

Während die in privaten Haushalten angestellten Kindermädchen, Gärtner oder Fahrer ihr eigenes Zimmer haben, wohnen Billiglohnarbeiter in ärmlichen Massenquartieren. Kaum einer kann es sich leisten, seine Familie mit nach Dubai zu bringen, denn das ist erst ab einem monatlichen Mindestlohn von rund 1000 Euro möglich – für viele fast ein Jahresgehalt. Deshalb sehen die meisten ihre Familien, wenn überhaupt, nur alle zwei bis drei Jahre, denn dann steht ihnen ein Flug nach Hause zu – eigentlich …

Um an einen der trotz harter Bedingungen begehrten Arbeitsplätze in der Golfregion zu gelangen, müssen sich viele hoch verschulden, denn die Arbeitsagenten verlangen zwischen 1200 und 3000 Euro für Vermittlung, Visum und Flugticket. In der Hoffnung, das Geld schnell zurückzahlen zu können, borgen sie es sich bei Freunden, Verwandten oder verschulden sich bei Leihhäusern. Viele wissen nicht, worauf sie sich da einlassen. Bei der Ankunft wird ihnen der Pass abgenommen, damit sie nicht flüchten können. Der Arbeitsvertrag bindet sie, kündigen und sich eventuell einen anderen Job suchen, dürfen sie nicht. Die Schichten auf den Baustellen dauern zehn Stunden, sieben Tage die Woche und im Sommer bei 45 Grad und mehr. Die Sicherheitsvorkehrungen sind mangelhaft, immer wieder kommt es zu Todesfällen. Zwar steht den Angehörigen eine Entschädigung von bis zu 40 000 Euro zu, doch bis diese – wenn überhaupt – gezahlt wird, können Jahre vergehen. Menschenrechtsorganisationen sprechen bisweilen von moderner Sklavenhaltung. »Wir werden seit fünf Monaten nicht mehr bezahlt«, zitiert Human Rights Watch Mahmoud A. Gemeinsam mit mehreren Kollegen hatte er Beschwerde beim Arbeitsministerium eingereicht und den Arbeitgeber gebeten, den Arbeitsvertrag aufzulösen. »Die Firma hat angeboten, uns einen Monatslohn zu zahlen – und die restlichen Gehälter, die sie uns schuldet, im Gegenzug dafür, dass sie uns gehen lässt, zu behalten.« So wie den Bauarbeitern geht es allen Berufsgruppen: Sie haben keine Rechte und keine Gewerkschaft, die sich für ihre Belange einsetzt. Auf den ersten Blick mag es den privat angestellten Kindermädchen besser gehen, wenn sie das Glück haben, von einer netten Familie angestellt zu werden und ein eigenes Zimmer bekommen. Wenn es schlecht läuft, sind sie sexuellen Übergriffen ausgesetzt oder werden gleich zur Prostitution gezwungen.

Sie haben sich auf Jahre
verschuldet, um überhaupt
nach Dubai kommen zu kön-
nen. Ihr Leben besteht aus
arbeiten und schlafen – sei es
als Müllmann, Hafenarbeiter
oder Gärtner. Rechte haben
sie keine, Gewerkschaften gibt
es nicht.

ZWISCHEN ISLAMISCHER TRADITION UND TURBOKAPITALISMUS

Es ist noch nicht lange her, da war das Leben in Dubai von beduinischen Traditionen, der Stammesgesellschaft mit ihren Werten und Normen, der Religion des Islam sowie den harschen Lebensbedingungen an der Küste und am Rand der Wüste geprägt. Mit Beginn des 20. Jahrhunderts ließen sich zwar die ersten ausländischen Händler aus Indien und Persien in der Stadt nieder, aber ihre Anzahl war überschaubar und ihr Einfluss gering. Fremde und einheimische Händler saßen in den staubigen Gassen von Deira oder Bur Dubai friedlich vor ihren Geschäften, spielten Karten und tranken Tee. Freitags traf man sich zum gemeinsamen Gebet. Die Handvoll Engländer in der Stadt fiel kaum auf und blieb unter sich. Dann kam das Öl, die ersten Großbauprojekte und somit der massive Einfluss der westlichen Welt.

Arabischer Knigge
Viele Benimm-Regeln, die heute noch beachtet werden, basieren ebenfalls auf beduinischer Tradition. So gilt es zum Beispiel als äußerst unhöflich, auf dem Fußboden Platz nehmend, seine Beine lang auszustrecken, zeigt man dadurch doch seinem Gegenüber die (schmutzigen) Fußsohlen. Bei der Begrüßung schauen sich Männer in die Augen, um zu zeigen, dass sie nichts zu verbergen haben; höfliche Araber nehmen deshalb auch ihre Sonnenbrille ab! Frauen dagegen senken als Zeichen der Bescheidenheit den Blick oder schauen zur Seite; gelten die Augen doch als Zugang zur Seele.

Prägender Einfluss der Wüste

Bei einer Teepause am Creek treffe ich den jungen Adil, einen hiesigen Reiseleiter, der vom Aufschwung seines Landes profitiert, aber noch sehr in den alten Traditionen verwurzelt ist. Er spricht mich in bestem Englisch an und als er erfährt, woher ich komme, möchte er wissen, wie es in Deutschland so aussieht. Ich erzähle von Bergen, Seen und Küsten. »You have no desert in Germany?« Ob wir keine Wüste hätten – nein, leider nicht. Das sei schade, kommt die Antwort, denn er liebe es, mit seinem Geländewagen in die Dünen zu fahren und sich dort mit seinen Freunden Wettrennen durch den Sand zu liefern. Unannehmlichkeiten wie Hitze, Staub und Trockenheit, den Durst, unter dem sein Großvater und auch sein Vater noch gelitten hatten, kennt er nicht. Dabei war es die Wüste mit ihren lebensfeindlichen Bedingungen, die das soziale Miteinander auch in der Küstenstadt Dubai wesentlich prägte. Ein Großteil der arabischen Bevölkerung kam ursprünglich aus dem Leeren Viertel, der größten Sandwüste der Erde vor den Toren Dubais. Nur in der Gemeinschaft war ein Überleben möglich und für Außenstehende ist das Geflecht aus Familien, Clans und Stämmen kaum zu durchschauen.

Die Familie

Grundsätzlich gilt die Familie als kleinste Gemeinschaft, mehrere Familien bilden einen Stamm. Der Einzelne hatte sich dem Wohl der Gemeinschaft unterzuordnen, ein jeder seine Aufgabe: die Suche nach Weideplätzen, das Wasserholen, das Sammeln von Brennmaterial oder das Hüten der Kamele und Ziegen.

Schlimmste Strafe war die Verbannung, sie kam einem Todesurteil gleich: Der Einzelne verlor nicht nur den Schutz der Gemeinschaft, sondern auch ein wichtiges Identifikationsmerkmal. Denn man war stolz auf seine Familie – ein Stolz, der auch durch die Schaffung eines Nationalstaates mit Fahne und Hymne kaum an Bedeutung eingebüßt hat. Auch Werte wie Mut, Ehre und Großzügigkeit werden nicht nur in traditionellen Liedern besungen, sondern heute noch gelebt.

»Blut ist dicker als Wasser«

Natürlich gab es auch innerhalb der Familien Intrigen, Zwist und Streit, doch sobald ein äußerer Feind die Interessen der Familie oder des Stammes bedrohte, waren diese vergessen. Es waren raue Zeiten, Kämpfe um Wasser und Weideland gehörten zum Alltag. Je stärker der Zusammenhalt war, umso erfolgreicher konnte sich die Familie im Überlebenskampf behaupten und somit an Einfluss und Macht gewinnen. Ein Sprichwort aus dieser Zeit besagt: »Mein Bruder und ich gegen den Cousin, wir drei gegen den Fremden.«

Selbst wenn die Versorgungslage heute kaum noch Wünsche offen lässt und der Staat durch soziale Einrichtungen, Ausbildungsmöglichkeiten und Stipendien die Möglichkeiten des Einzelnen fördert, spielt die Familie nach wie vor eine zentrale Rolle im Leben eines jeden Emiratis. Für junge Ehepaare ist es zum Beispiel – noch – eine Selbstverständlichkeit, im Elternhaus des Bräutigams zu wohnen. Auch für die Alten ist die Familie von zentraler Bedeutung: In Dubai gibt es keine Altersheime, denn keinem Emirati käme es in den Sinn, seine Eltern in solch eine Institution abzuschieben. Allerdings, so erzählt Adil, sei das Zusammenleben mit der älteren Generation selbst in der größten Villa nicht immer einfach. Sie hätten kein Verständnis für den neuen Lebensstil und nach seiner Hochzeit möchte er auf jeden Fall ein eigenes Haus. Dabei wird ihm der Staat helfen, denn frisch Vermählte erhalten ein Stück Land oder Bargeld als Hochzeitsgeschenk.

»Dein Gast von heute kann dein Gastgeber von morgen sein«

Es ist vor allem die Freundlichkeit und Hilfsbereitschaft, die Arabienbesucher schwärmen lassen. Fragt man Einheimische nach einer Adresse, ist es nichts Ungewöhnliches, dass man keine Beschreibung erhält, sondern direkt zu seinem Ziel gebracht wird. Diese Hilfsbereitschaft hat ihren Ursprung nicht in der Religion, sondern entspringt der beduinischen Tradition der bedingungslosen Aufnahme eines Fremden. Denn in den Weiten der Wüste konnte es einem jederzeit passieren, auf die Hilfe anderer angewiesen zu sein.

Früher schwelte permanent ein kleines Feuer vor den Behausungen, die jedem und jederzeit offen standen. Es galt als unhöflich, nach dem Namen zu fragen, denn der Fremde konnte einem Stamm angehören, mit dem der eigene Clan gerade im Clinch lag. Nicht umsonst heißt die Begrüßung »as-salaamu aleikom« – Friede sei mit Euch. Mit dem Austausch dieses Grußes war ein friedlicher Bund geschlossen, der durch ein gemeinsames Mahl besiegelt wurde. Für den Gast bedeutete er drei Tage Unterkunft, Verpflegung und Schutz, für den Gastgeber neueste Nachrichten aus der Umgebung. Mitunter hört man noch heute die Redewendung »Fi baynaa khubz wa milh« – zwischen uns ist Brot und Salz.

Wüstenlegenden

Unglaubliche Geschichten ranken sich um diesen »Bund des Salzes«. So wird erzählt, dass ein Beduine einst die Übergabe eines Fremden, der in seinem Zelt Zuflucht gefunden hatte, an dessen Verfolger ablehnte. Als diese damit drohten, ihr Ziel mit Waffengewalt zu erreichen, stand

Heritage Village
Sogenannte Heritage Villages sind zwar eine Touristenattraktion, aber ein Besuch in diesen nachgebauten historischen Dörfern steht auch für die Schulklassen auf dem Programm. Die jungen Emiratis sollen das moderne Leben zwar genießen, aber nicht ihre Ursprünge vergessen, ganz nach dem Motto des ersten Präsidenten der Emirate, Scheich Zayed: »Ein Volk, das seine Wurzeln vergisst, hat keine Zukunft.«

der Gastgeber wortlos auf, ging zu seinem teuersten Pferd – und erschoss es. Damit demonstrierte er eindringlich seine Bereitschaft, Hab und Gut für einen Fremden zu opfern.

Besonders eindrucksvoll ist jedoch die Geschichte jenes Wüstenbewohners, der bei seinem Gast ein schönes Gewehr erkannte. Direkt nach der Herkunft zu fragen, geziemte sich nicht, deshalb drückte er seine Bewunderung für die Waffe aus. Der Fremde erzählte ihm daraufhin ausführlich von einem fairen, aber tödlich verlaufenden Kampf mit dem ehemaligen Besitzer, nicht ahnend, dass es sich dabei um den Sohn seines Gastgebers handelte. Und was tat dieser? Nichts! Er sagte kein Wort und bewirtete den Mann drei Tage lang, wie es sich gehörte. Erst beim Abschied gab er sich zu erkennen, aber mehr als eine Warnung sprach er nicht aus: Er habe nun seine Pflicht erfüllt und bei einem erneuten Aufeinandertreffen das Recht, seinen Sohn zu rächen. Danach ließ er den Fremden ziehen.

Der Islam

»Allaaaaahu akbaaar allaaaaahu akbaaar....«, schallt es plötzlich vielstimmig über den Creek und Adil verabschiedet sich kurz zum Beten. Neben den beduinischen Traditionen ist es natürlich der Islam, der den Alltag prägt, auch wenn die Minarette der Moscheen bisweilen wie Streichhölzchen zwischen den Wolkenkratzern verschwinden.

In jedem neu geplanten Wohnviertel – und sei es noch so gigantisch, modern und mit Wasserkanälen durchzogen – gibt es auch neue Moscheen. Und sei es auch nur auf einem engen Platz im Gewirr der Zufahrtsstraßen. Es mag nicht jeder Dubai'in fünfmal am Tag das Haupt gen Mekka neigen, aber im Ramadan wird gefastet und jeden Freitag sind die Moscheen zum traditionellen Mittagsgebet überfüllt; leicht zu erkennen an vielen durcheinanderfliegenden Schuhen vor dem Eingang. Im Gegensatz zu seinem Nachbarn, dem erzkonservativen Saudi-Arabien, ist man in Dubai jedoch sehr viel flexibler. Zwangsläufig, schließlich will man ganz oben in der internationalen Wirtschafts- und Touristikliga mitspielen.

Das Riba-Problem

»Wir werden (nach unserem Tod) zu Allah reiten und sehen, ob er sich als gastfreundlich erweist. Wenn nicht, steigen wir wieder auf unsere Pferde und reiten davon.« In dieser typischen Aussage eines Beduinen schwingt etwas von der Lockerheit mit, die es Dubai ermöglicht hat, die teilweise engen Grenzen der Scharia, des islamischen Gesetzes, für sich auszulegen. So heißt es in Sure 2, Vers 275: »Diejenigen, die Zinsen (arab. Riba) verschlingen, sollen nicht anders aufstehen als jemand, den Satan durch Berührung zum Wahnsinn getrieben hat. [...] Doch Allah hat Handeln erlaubt

und Zinsnehmen verboten. [...]«. Bereits 1975 gab es trotzdem die erste Bank in Dubai, denn Zinsen mögen verboten sein, Gewinne nicht. Möchte Adil zum Beispiel ein neues Auto haben, verfügt aber nicht über das nötige Kleingeld, geht er zur Bank. Nicht um einen teuren Kredit aufzunehmen, für den er Zinsen zahlen müsste. Vielmehr erwirbt die Bank den gewünschten Wagen und verkauft ihn an Adil mit einem Aufschlag weiter, den dieser in Raten abzahlen kann. Inzwischen hat dieses Modell überall in der Golfregion Schule gemacht!

»Segnungen« der neuen Zeit

Touristen wollen sich vergnügen und dazu gehört nun mal auch Alkohol. Ohne den geht es kaum, diese bittere Erfahrung musste das kleine Nachbar-Emirat Sharjah machen. Dort hatten in den 1980er Jahren die ersten Badehotels geöffnet und zum Dinner gab es natürlich ein Glas Wein oder Bier, in der Hotelbar nebenan den Sundowner. Doch dann verspekulierte man sich bei einigen Bauvorhaben gewaltig, Saudi-Arabien half mit einer kräftigen Finanzspritze – und die Herrschenden fühlten sich zu dankbarer Geste verpflichtet. Sie verboten Ausschank und Verkauf von Alkohol, mit dem bis heute anhaltenden »Erfolg«, dass viele Touristen sich neue Übernachtungsmöglichkeiten suchten. Dubai sprang dankbar ein, Hotels, Bars und Diskotheken begannen wie Pilze aus dem Boden zu schießen. Die Freizügigkeit sprach sich herum und lockte zwielichtige Gestalten an, die ihr Scherflein verdienen wollten.

Natürlich erfreute sich auch Dubais Männerwelt an freizügigen Tanzveranstaltungen und offiziell als Kindermädchen eingereisten Prostituierten. Allerdings ist es nicht nur Adils Großvater, der für diesen »new way of life« wenig Verständnis hat und böse Zungen bezeichnen Dubai heute mitunter als das Freudenhaus des Mittleren Ostens.

Individuelle Entscheidung

Ich frage Adil, was er von der Entwicklung seines Landes hält. Seine Antwort ist ausgesprochen diplomatisch. Er fände das moderne Leben ganz o.k., schließlich seien die Touristen willkommene Gäste und man müsse ihnen etwas bieten. Wer nicht daran teilhaben wolle, ließe es eben bleiben. Er habe von den christlichen Priestern gehört, die einem ständig ein schlechtes Gewissen einreden; so etwas gäbe es im Islam nicht. Da wende sich jeder Muslim im Gebet direkt an Gott und würde die Sache mit ihm persönlich regeln. Manche kämen natürlich »etwas« vom rechten Weg ab. Vielleicht eröffnet die herrschende Maktoum-Familie deshalb demnächst ein großes Museum, das allein dem Propheten Mohammed, seinem Leben und den Lehren des Koran gewidmet ist – sozusagen als zusätzlicher moderner Wegweiser.

Der Islam bildet trotz westlich orientierter Entwicklung nach wie vor das Fundament des gesellschaftlichen Miteinanders in Dubai und wird dies auch in Zukunft tun.

Die fünf Säulen des Islam

An erster Stelle steht natürlich das Bekenntnis zu Gott (Shahada), in dem es heißt, es gäbe keinen Gott außer Allah und Mohammed sei sein Prophet. Ausdruck dieser Gläubigkeit ist das Gebet (Salat), zu dem der Muezzin auch in Dubai fünfmal am Tag aufruft. Wo es stattfindet, ist Nebensache, nur am Freitag versammelt sich die Gemeinde in der größten Moschee zum gemeinsamen Beten. In der Vergangenheit war dieses Gebet wichtig, denn einmal in der Woche kamen auch Familien- oder Stammesangehörige aus der entfernteren Umgebung zusammen. Man tauschte Nachrichten aus und besprach gemeinsame Belange. Dass es in arabischen Ländern keine Einkommensteuer gibt, hat nicht nur mit dem Ölreichtum zu tun, sondern auch mit der religiösen Pflicht des Einzelnen, Bedürftige durch die Abgabe von Almosen (Zakat) zu unterstützen. Während in der Vergangenheit die Höhe der Zahlung in Kamelen oder Ziegen gerechnet wurde, gelten heute Prozentsätze. Faustregel sind mindestens drei bis vier Prozent des Überschusses nach Versorgung der Familie. Auch das Fasten (Saum) im heiligen Monat Ramadan soll die Gläubigen daran erinnern, dass es Hilfsbedürftige gibt. In erster Linie ist es jedoch die Ehrung an jene Zeit, als Prophet Mohammed seine ersten Offenbarungen erhielt. Die fünfte Pflicht ist die Pilgerreise nach Mekka (hajj), sofern es Gesundheit und Finanzen erlauben. Ältere Menschen werden respektvoll mit »ya hajj« bzw. »ya hajjia« angesprochen, da man zumindest annimmt dass sie die Reise unternommen haben.

Keine Mohammedaner

Mohammed war »nur« ein Bote, auserwählt, um allen Menschen Gottes Gebote zu überbringen. Deshalb heißt es im Glaubensbekenntnis auch »Mohammed Rasul Allah« – Mohammed ist sein Gesandter. Er wird hoch verehrt, streng Gläubige murmeln beim Ausspruch seines Namens jedes Mal Salaam aleihu – Friede sei mit ihm. Aber er wird weder angebetet wie Jesus im Christentum noch hatte er göttliche Fähigkeiten und schon gar nicht ist er Gottes Sohn. Deshalb ist der Ausdruck »Mohammedaner« schlicht falsch und er wird auch durch die Verwendung in Fachliteratur nicht richtiger. Manche Muslime fühlen sich durch diese Bezeichnung sogar beleidigt.

In diesem Register sind die wichtigsten Begriffe sämtlicher Artikel sowie Namen von Personen erfasst. Kursive Seitenzahlen verweisen auf Abbildungen.

alamy, Abingdon: 6/Peter Bowater, 18/Christine Osborne Pictures, 28 u./Kevpix, 41/Kevpix, 43 o./Helene Rogers, 54/55/WoodyStock, 61/Deco, 62 u./Dieter Wertz, 87/FAN travelstock, 88/Trip, 90 o./Travel-Stock Coll./Homer Sykes, 95/Caro, 105 u./Trip, 112 o./Helene Rogers, 116 l./VIEW Pictures Ltd., 136/Jon Bower Dubai 2, 143 o./avatar images, 143 u./Michele Falzone Photography, 146 u.r./PCL, 159 u./Liam White, 172/Caro **asdaa, Dubai:** 53 **Associated Press GmbH, Frankfurt:** 27 u./Qasim Al Hammadi, 27 o./Qasim Al Hammadi, 47/Nousha Salimi, 90 u./Farhad Berahman, 129 l.u./Kamran Jebreili, 147 u./Kamran Jebreili, 147 u./Kamran Jebreili, 181/Kamran Jebreili, 182/Aziz Shah **Atlantis — The Palm, Dubai:** 128 r.u., 128 l. **bigstockphoto.com:** 70/71/creativei **Caro Fotoagentur GbR, Berlin/Sorge:** 12 o., 25, 38, 48 o., 50/51, 54 u., 66, 67 o., 102, 104, 130/131, 173 u., 173 o. **Christoph & Friends, Essen:** 96 o./Stewart Innes, 96 u./Stewart Innes **Corbis GmbH, Düsseldorf:** 8/Rolf Bruderer, 12 u.r./Jumanah El-Heloueh/Reuters, 13/Firouz/Reuters, 30/31/Tamara Abdul Hadi/Reuters, 32/Patrick Robert, 32/33/Patrick Robert, 34 u./STR New/Reuters/Khalifa Al Yousef, 34 o./Caren Firouz/Reuters, 35/Tobias Schwarz/Reuters, 37 o./STR New/Reuters/Asghar Khan, 40 u./Ahmed Jadallah/Reuters, 44/George Hammerstein/Solus-Veer, 49/STR/Reuters, 54 o./Massimo Listri, 82 ./HO/Reuters, 86 o./Anwar Mirza/Reuters, 91/Reuters, 94 r./Anwar Mirza/Reuters, 103 o./Stephanie McGehee/Reuters, 105 o./Andrew Holbrooke, 110/Anwar Mirza/Reuters, 110/111/Ahemd Jadallah/Reuters, 112 u.r./Anwar Mirza/Reuters, 117 r./Jack Dabaghian/Reuters, 117 l./Double Red/James Wright/Reuters, 119/Jack Dabaghian/Reuters, 126 o./Fridmar Damm/zefa, 132/133/Walter Bibikow, 134/Nevada Wier, 138/Fridmar Damm/zefa, 140 o./Neil Emmerson/Robert Harding World Imagery, 162/Caren Firouz/Reuters, 176/177/Andrew Holbrooke, 178/Stephanie Kuykendal, 185 u.r./Anwar Mirza/Reuters **dpa Picture-Alliance GmbH, Frankfurt:** 9/Balkis Press, 11/Abaca Balkis Press, 12 u.l./epa Ali Haider, 22/23/Abaca/Balkis Press, 26/Charles Crowell/Bloomberg News/Landov, 36/Charles Crowell/Bloomberg News/Landov, 39/Charles Crowell/Bloomberg News/Landov, 40 o./epa Nelson, 48 u./Waltraud Grubitzsch, 56/epa Dyanmic Architecture/Ho, 63/Abaca, 67 u./Balkis Press, 77/EPA/STR, 78 o./Klaus-Dietmar Gabbert, 78 u./Jeon Heon-Kyun/Bloomberg News/Landov, 82 r./Abaca/Ammar Abd Rabbo, 84 u./epa Ali Haider, 89/Bildagentur Huber, 98 o./Xinhua/Landov, 98 u./Wolfgang Thieme, 112 u.l./Jorge Ferrari, 116 r./epa Jorge Ferrari, 118/119/Bildagentur Huber/Leimer, 120/Abaca, 135 o./Bildagentur Huber/R. Schmid, 140 u./Wolfgang Thieme, 157./KPA/TopFoto, 170/Carles Crowell/Bloomberg News/Landov, 171 l./Peter Kneffel, 179/Karlheinz Schindler, 185 o./Shabbir Hussain Imam **Dubai Holding:** 57 r./Sama Dubai **Dubailand:** 60 **Focus, Hamburg/arabianEye:** 16 u./Ramesh Shukla, 17/Katarina Premfors, 19 u./Steve Black, 37 u., 42/Kami, 62 o./David Taylor-Bramley, 74, 83/Kami, 84 o.r., 84 o.l./Kami, 85/Kami, 86 u./Matilde Gattoni, 90/91, 94 o./Richard Allenby-Pratt, 100, 103 u./Katarina Premfors, 106/107, 108 u./Celia Peterson, 109, 113/Kami, 132/Steve Black, 133/Kami, 135 u./Simon Charlton, 139/David Peart, 141 l., 146 o./Celia Peterson, 146 u.l./Katarina Premfors, 147 o./Jason Larkin, 149/Kai 150/Ricahrd Allenby-Pratt, 152/153/David H. Wells, 154/JD Dallet, 158/Ramesh Shukla, 159 o./Kami 160/Ramesh Shukla, 165/Celia Peterson, 174/175/Richard Allenby-Pratt, 175/Richard Allenby-Pratt **Focus, Hamburg:** 94 u./Pascal Meunier/Cosmos, 129 r./Tina Hager, 148/149/Pascal Meunier/Cosmos, 166 o./Tina Hager, 168/169/Tina Hager **fotolia.com:** 99/Akhilesh Sharma, 160/161/Haider Yousuf **Getty Images, München:** 120/121/David Cannon **Interfoto, München:** 22/Brown **istockphoto.com:** 171 r./Joselito Briones **Jumeirah:** 125 u. **Jupiterimages, Ottobrunn:** 126 u./Hahn, 141 r./Botanica, 142 u./Aberham, 150/151/Stadler **Kling Consult / Consultancy for Design and Civil Engineering, Krumbach:** 57 l., 59 o., 59 u.l., 59 u.r. **Koschany + Zimmer Architekten KZA, Essen:** 58 **laif, Köln:** 28 o./Peter Bialobrzeski, 29/Sabine Bungert, 43 u./The New York Times/Redux, 96/97/Linke, 108 o./Edgar Rodtmann, 114/115/De Malglaive Etienne/Gamma/Eyedea Presse, 128 r.o./Stephane Francis/Hemispheres, 144/145/Peter Bialobrzeski, 166 u./Thomas Grabka, 180 o./The New York Times/Redux, 180 u./The New York Times/Redux, 185 u.l./Kirchgessner **Mauritius, Mittenwald:** 19 o./AGE, 129 l.o./Uta und Horst Kolley, 154/155/Peter Widmann 183/Peter Widmann **Nakheel:** 14/15, 52, 64/65, 68, 69 o.r., 72, 73, 127 **NASA, Washington/Landsat Project Science Office:** Jesse Allen, Earth Observatory, using data provided by Laura Rocchio: 20, 20/21, 21 **Photocase:** 156/wild thing **Jürgen Stumpe, Berlin:** 55, 68/69, 69 o.l., 125 o., 137 **TopFoto, Kent:** 16 o.

Abbildungen auf dem Cover:
Burj al Arab: Interfoto, München/The Travel Library/Tom Mackie — Dubai Marina: bistockphoto.com/Tiger3000 — Goldsouk: fotolia.com/Udo Kröner — Palm Jumeirah: fotolia.com/Haider Yousuf

Autoren

Kristina Bergmann ist Arabistin und lebt in Kairo. Ihre Berichterstattung als Korrespondentin der Schweizer Zeitungen NZZ und NZZaS umfasst Ostnordafrika und den Nahen Osten. Sie hat darüber hinaus mehrere Sachbücher und einen Roman veröffentlicht.
Keine Fundamentalkritik: Autokratie auf Arabisch

Christoph Neuschäffer, Jahrgang 1968, Dipl.-Betriebswirt (BA) und Dipl.-Politologe, studierte Wirtschaft und Politik sowie Hebräisch und Arabisch in Ravensburg, München und Jerusalem. Er arbeitet seit über 15 Jahren als freier Journalist und Redakteur unter anderem für die Süddeutsche Zeitung, für die er regelmäßig über Bauprojekte in Dubai berichtet.
Welthauptstadt des 21. Jahrhunderts: Dubai Strategic Plan 2015

Henning Neuschäffer, Jahrgang 1965, lebte von 1992 bis 1995 in den Emiraten und Oman. Er studierte Arabisch in Damaskus, verfasste Beiträge und Reiseführer über die Golfstaaten und leitet regelmäßig Touren in dieser Region.
Die größte Baustelle der Welt
Gigantomanie bei Vergnügungsparks: Alles besser und größer
Die Rolle der Frau: Emanzipation auf Arabisch
Tourismus in tausendundeiner Pracht
Faszinierende Natur
Ökologische Probleme
Zwischen islamischer Tradition und Turbokapitalismus

Oliver Parche, Jahrgang 1965, war ab 2002 Stellvertretender Delegierter des Deutsch-Saudi-Arabischen Verbindungsbüros für Wirtschaftsange-legenheiten (AHK) in Riyadh. Seit Mai 2005 übt er diese Funktion in Dubai aus.
Marktlücke gefunden: Dubai als Vorreiter in der Golfregion

Barbara Schumacher, Jahrgang 1945, ist Diplom-Mathematikerin. 1969 begann sie, unter anderem als Journalistin und Fotografin zu arbeiten. Seit 1994 konzentriert sie sich dabei auf Wirtschaft und Kultur der Länder der Arabischen Liga, insbesondere der Golfstaaten. Ihre Veröffentlichungen umfassen ein Buch und über 600 Zeitungs- und Zeitschriftenartikel.
Ein Scheich als Vorsitzender der Dubai AG

Jan-Aslak Stannies, Jahrgang 1972, hat Kulturwissenschaften studiert und zehn Jahre als Redakteur unter anderem beim Hamburger Abendblatt gearbeitet. 2007 ist er nach Dubai gezogen und schreibt als freier Journalist für verschiedene deutsche und schweizer Medien.
Treffpunkte der internationalen Business Class

Impressum

© 2009, wissenmedia GmbH, Gütersloh/München
Geschäftsbereich Verlag

Projektleitung: Annette Grunwald

Redaktion: txt redaktion & agentur, Dortmund/München; Patrick Grootveldt, wissenmedia
Bildredaktion: Anka Hartenstein
Grafikredaktion: Dr. Matthias Herkt
Medienbereitstellung: Martin Leist, Daniela Wuttke
Grafische Konzeption und Umschlaggestaltung: Thomas Manss & Company, London
Layout/Satz: Sandra Zellmer, Jeannette Weber, Thomas Manss & Company, London

Herstellung: Joachim Weintz
Druck und Bindung: Himmer AG, Augsburg

ISBN: 978-3-577-14381-3